Rudolf Huber · Eine Kindheit in Kriegszeiten

UMSCHLAG VORN:

Der Stiglmaierplatz in München, 1935
Gemälde von Wilhelm Heise

Der Einmarsch der amerikanischen Truppen durch die Dachauer Straße am 30. April 1945. Man blickt von der Karlstraße in Richtung Stiglmaierplatz. In der letzten Ruinenlücke ganz hinten rechts stand das Haus Nummer 54

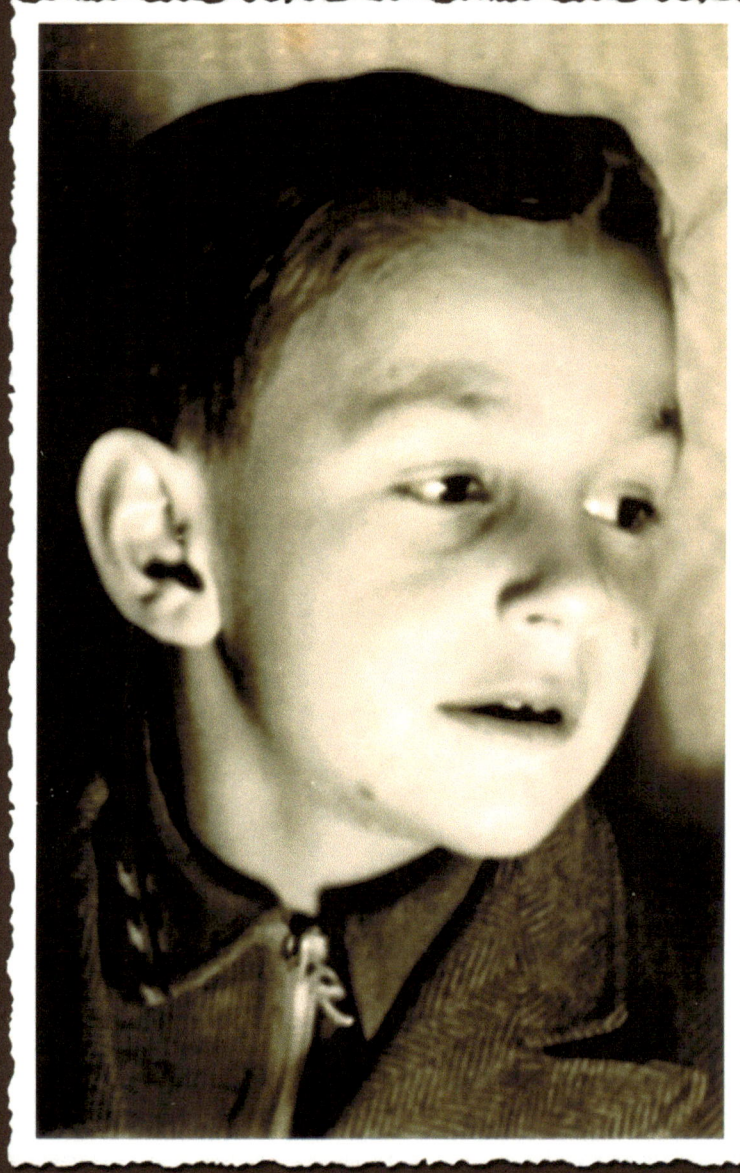

Rudolf Huber

Eine Kindheit in Kriegszeiten

1939–1945

Bildnachweis:
Umschlag vorn oben und Seite 69: Zentrales Bildarchiv des Münchener
Stadtmuseums
Umschlag vorn unten: Stadtarchiv München
Seiten 48 und 57: Hans Meyer, D-83329 Waging am See
Seiten 2, 6, 27, 55, 78: Privatfotos Rudolf Huber

Weitere Informationen über den Verlag und sein Programm unter
www.buchmedia.de

Bibliografische Information der Deutschen Nationalbibliothek
Die Deutsche Nationalbibliothek verzeichnet diese Publikation in der Deutschen Nationalbibliografie; detaillierte bibliografische Daten sind im Internet
über http://dnb.d-nb.de abrufbar.

September 2010
© 2010 Buch&media GmbH, München
Umschlaggestaltung: Kay Fretwurst
Herstellung: Books on Demand GmbH, Norderstedt
Printed in Germany · ISBN 978-3-86520-377-9

*Meinen Kindern
und Enkelkindern
gewidmet*

Großmutter und Onkel Julius

Zwei Denkmäler

Kodak, Fuji, Agfa – das sind Marken von Kamerafilmen, die heutzutage weltweit bekannt sind. Zur Zeit meiner Kindheit, von der ich hier erzählen will (ich bin 1935 geboren), in den Kriegs- und frühen Nachkriegsjahren, war dies zunächst nicht so. In Deutschland kannte man nur Agfa, dafür aber noch einen anderen großen deutschen Kamerafilmhersteller, der heute nicht mehr existiert: Perutz Film in München. Der Zufall wollte es, dass diese Firma in meinen frühen Lebensjahren eine gewisse Rolle spielte.

Die Betriebsanlagen von Perutz lagen im Süden der Stadt, eines der Verwaltungsgebäude jedoch im Zentrum, im Rückgebäude der Dachauer Straße 54, unweit des Stiglmaierplatzes. In eben diesem Gebäude traten meine Großmutter und ihr Mann in zweiter Ehe, von mir als Onkel Julius angeredet, 1939 eine Hausmeisterstelle an. Da mein Vater als Soldat seinen Wehrdienst leistete und meine Mutter berufstätig war, durfte ich bei Großmutter und Onkel wohnen. Nur die Wochenenden verbrachte ich bei meiner Mutter in einem Vorort von München. So kam es, dass ich etwa fünf Jahre lang, fünf glückliche Kindheitsjahre lang, in der Innenstadt, im Viertel um den Stiglmaierplatz aufwuchs, von allen geliebt, und eingebettet in das schlichte Gemeinschaftsleben eines großstädtischen Hinterhofs.

Großmutter, von mir Oma genannt, war eigentlich nicht meine wirkliche Großmutter. Sie war deren Schwester. Meine leibliche Großmutter war bei der Geburt ihres vierten Kindes gestorben. Ich habe sie nicht gekannt. Meine Großmutter war also eigentlich meine Großtante. Sie hatte selbst keine Kinder und liebte mich über alles, wie auch ich ihr innig zugetan war. Sie war eine herzliche, lebensbejahende Frau, gutmütig und großzügig, heiter und humorvoll, aber auch energisch und zupackend. Bei den Angestellten des Hauses war sie geschätzt und sehr beliebt.

Mit Onkel Julius war ich nicht verwandt. Während der kriegsbedingten Abwesenheit meines Vaters war er sozusagen dessen Stellvertreter. Er war sehr streng, konnte aber auch recht liebevoll mit mir umgehen. Er war ein begabter Handwerker und arbeitete bei den Bayerischen Motorenwerken (BMW). Nebenbei hatte er auch noch den Posten eines Hausmeisters bei Perutz inne. Seine Dienste bei BMW wurden so sehr geschätzt, dass er als »unabkömmlich« eingestuft, also nicht zum Militärdienst eingezogen wurde, was in der Kriegssituation, in der Deutschland sich befand, sehr viel heißen wollte. Eigentlich war er Schausteller und hatte sich nur des Krieges wegen in München niedergelassen. Er stammte aus der in ganz Deutschland bekannten Schaustellerfamilie Hempel und kannte fast alle bedeutenden Volksfestplätze in unserem Lande. In der Tierschau seiner Eltern hatte er viel mit wilden Tieren gearbeitet. An der linken Wange hatte er eine deutlich sichtbare Narbe. Sie stammte von einer Verletzung, die ihm ein Löwe mit der Pranke zugefügt hatte. Diese Geschichte hat mich sehr beeindruckt. Ich liebte ihn wegen seiner Güte zu mir, die ich durch seine Strenge hindurch spürte.

Wir wohnten im dritten Stock des Rückgebäudes, in der Hausmeisterwohnung des Bürohauses von Perutz. Es war eine Mansardenwohnung unter einem flachen, geländerlosen Dach, auf dem Großmutter ihre Wäsche aufhängte, und das zu betreten wegen der Absturzgefahr mir streng verboten war. Als ich doch einmal hinaufstieg und mich vorsichtig an den ungeschützten Dachrand vorwagte, kam Onkel Julius, der mich vom Hof aus gesehen hatte, in Riesensätzen die vier Treppen heraufgepresct, lockte mich zuerst mit ruhigen Worten vom Abgrund weg und verabreichte mir dann eine gewaltige Tracht Prügel. Die Strafe war schrecklich, aber heilsam für die Zukunft. Die notwendige Züchtigung tat ihm wahrscheinlich genauso weh wie mir, denn gleich am Tag darauf baute er mir, zur stillen »Wiedergutmachung«, aus Holz ein wunderschönes U-Boot, das er eigens mit grauer Farbe anstrich und das ich dann im Becken des Neptunbrunnens gegenüber dem Justizpalast mit ihm schwimmen lassen durfte.

Unsere Wohnung war sehr einfach. Sie war bescheiden eingerichtet, aber Großmutter verstand es, mit geringem Aufwand alles schön zu gestalten und heimelig wirken zu lassen. Vor den Mansardenfenstern, die auf den Hof gingen, blühten rote Geranien und gurrten oft ein paar Tauben, deren es auf den Dächern unseres Viertels viele gab. An der Wand hing ein schönes Pastell-Portrait von Großmutters Vater, also meines Urgroßvaters, dazu einige farbige »Franzosen-Teller«. Wir hörten viel Musik aus dem Radio, denn Großmutter war sehr sangesfreudig. Wir kannten die meisten Texte der Schlager, die damals gespielt wurden, und sangen sie gerne mit: »Möwe, du fliegst in die Heimat« zum Beispiel, oder »Weil der Schnellzugführer heute Hochzeit hat, drum fährt die Eisenbahn so schnell«. Wenn ein schöner Strauß-Walzer kam, waren schnell die Stühle beiseite geschoben und Großmutter tanzte mit Onkel Julius oder mit meiner Mutter – wenn sie gerade da war – oder sogar mit mir. Wie schön waren die Feste: meine Geburtstage, zu denen ich ein paar Freunde einladen durfte, der etwas unheimliche Besuch des Heiligen Nikolaus und natürlich Weihnachten!

Nach Büroschluss, um fünf Uhr, begannen Großmutters Arbeitsstunden im Haus. Dabei habe ich ihr meistens geholfen. Sie musste in allen Räumen abstauben und kehren, Blumen gießen und Papierkörbe leeren. Letzteres war meine Arbeit. Mit einem großen, rechteckigen Korb schlitterte ich durch alle Räume und Gänge der drei Stockwerke und leerte die einzelnen Papierkörbe dort hinein. Alle diese Arbeiten wurden von uns beiden gemeinsam singend erledigt und gingen uns deshalb besonders schnell von der Hand.

Am Abend wurde meine Schlafstelle auf dem Sofa in der Wohnküche zurechtgemacht. Ein eigenes Bett, geschweige denn ein eigenes Zimmer, hatte ich nicht. Und doch: Wie gut und zufrieden konnte ich nach solchem Tagewerk einschlafen, von Großmutter liebevoll zu Bett gebracht! Wie wohl und geborgen fühlte ich mich in solcher Atmosphäre, die von Heiterkeit geprägt und von Güte und Liebe getränkt war!

Auffahrten, Rundfahrten und Ausfahrten

Schaute man im Rückgebäude aus einem unserer Wohnungsfenster, so hatte man im Abstand von etwa zwanzig Metern die gesamte Hofseite des Vorderhauses vor sich, das höher war und vier Stockwerke und ein Dachgeschoss auswies. Es war ein großes, massives Mietshaus mit je zwei Wohnungen und zwei eisernen Balkonen in jedem Stockwerk. Bewohnt wurde es von einem gemischten Völkchen von braven, meist recht einfachen Leuten, zu denen wir über den Hof hinweg gelegentlich Blickkontakt hatten und die wir im Lauf der Jahre ein wenig näher kennenlernten.

Das Erdgeschoss bestand vorwiegend aus Geschäftsräumen und hatte zur Straßenseite hin Läden: ein Bettengeschäft und einen Uhrmacherladen, wenn ich mich recht erinnere. Die Stockwerke erreichte man mit Hilfe eines Aufzugs, dessen Fahrtüchtigkeit ich oft und mit Vergnügen erprobte. Im ersten Stock hatte Zahnarzt Dr. Beiger seine Praxis, der auch mir einige Milchzähnchen ziehen musste und ansonsten einen Sohn hatte, der später an den Münchener Kammerspielen ein renommierter Schauspieler wurde. Rechts wohnte Familie Wirtmann, unsere Krämersleute, die im Haus nebenan einen Laden hatten, in dem auch wir einkauften. Wenn ihre zwei etwas jüngeren Töchter Geburtstag feierten, wurde auch ich eingeladen. Herr Wirtmann hatte auf dem Balkon einen Taubenschlag für seine Zuchttauben. Im zweiten Stock wohnte rechts die unauffällige Familie Börstel und links der meist streng dreinschauende Schneidermeister Gonnert, zu dessen etwas älterem Sohn Walter ich manchmal zum Spielen kommen durfte. Wer im dritten Stock rechts und im vierten Stock links wohnte, ist mir nicht mehr erinnerlich. Im dritten Stock links aber wohnte die »Frau Baronin«. Sie sprach ein breites Niederbairisch und schätzte meine Großmutter als Kaffeefreundin. Wenn sie nachmittags ab und zu ihr Kränzchen hielt, entdeckte man zwar keinen Baron, traf aber den »Herrn Architekt« an. Dieser kam aus Rumänien, einem damals mit Deutschland verbündeten Land, und sprach, mit dem starken Akzent seiner Heimat, ein sehr würdevolles und bedächtiges Deutsch, das mir etwas gespreizt vorkam.

Im vierten Stock rechts wohnte ein schon betagtes Ehepaar, dem ich einen wichtigen frühen Impuls zum Lesen verdanke. Meine Großmutter hatte ihnen durch mich einmal ein Tütchen Pralinen geschickt – welche Kostbarkeit damals! –, die sie von der Schausteller-Schwester des Onkel Julius aus Magdeburg mitgebracht hatte. Um sich erkenntlich zu zeigen, schenkten diese liebenswürdigen Leute mir das Buch »Kasperle auf Reisen«. Was für eine Freude, wenn Großmutter mir daraus vorlas und wenn ich später selbst darin weiterlesen konnte! Der alte Meister Fridolin, das liebreiche Mädchen Waltraut und das drollige Kasperle wuchsen mir ans Herz und wurden meine Vertrauten.

Später schenkten die beiden mir noch »Max und Moritz«, wodurch sie in mir den Sinn für den Witz und die lakonischen Verse des Wilhelm Busch weckten. – Im Dachgeschoss schließlich wohnte die Hausmeisterfamilie Rötzer mit ihren fünf Kindern. Auch dorthin wurde meine Großmutter manchmal zum Kaffee eingeladen. Als Spielkameradin kam für mich nur die etwas jüngere »Muschi« in Frage. Wir wollten im Hof ein Theater eröffnen und trafen schon ernsthafte Vorkehrungen dafür. Außerdem wollte ich sie heiraten.

So weit das Vordergebäude. Zwischen diesem und unserem Rückgebäude, rechts begrenzt durch die Gartenmauer des Schwesternheims Marianum und links durch ein eisernes Gittertor und den flachen Waschküchenbau, erstreckte sich ein rechteckiges Geviert, das für mich von großer Bedeutung war: der Hof. Er war mein Paradies. Ich will damit nicht sagen, dass es dort besonders schön war. Im Gegenteil, mit den Augen eines Erwachsenen gesehen, war es eigentlich ein hässlicher Hinterhof, ganz ohne Rasen, ohne Pflanzen und Bäume und mit stellenweise sehr schadhaftem Pflaster. Aber es war *mein* Hof, der in meiner Phantasie schön war und in dem ich ungestört spielen konnte.

Wenn niemand mich dort störte, so heißt das nicht, dass auch ich niemanden störte. Wenn mein Roller zur Eisenbahn wurde und ich mit ihm in unzähligen Hofrundfahrten meine Reise durch Deutschland abwickelte, dann konnte das nicht leise abgehen. Ich kannte ja aus unserer alten Shell-Straßenkarte die Lage der wichtigsten deutschen Großstädte und hatte im Hauptbahnhof gehört, wie die Abfahrt der Züge über Lautsprecher angekündigt wurde. Ich kannte mich aus: »Der nächste Zug von München nach Hamburg, über Augsburg, Nürnberg, Frankfurt, Köln, Leipzig und Berlin fährt um acht Uhr ab. Bitte einsteigen und die Türen schließen!« Nach einigen Runden im Hof fuhr dann der »Zug« in Augsburg ein und um neun Uhr, nach entsprechend verkürzter Durchsage, wieder ab. Es kostete einen ziemlichen zeitlichen und stimmlichen Aufwand, bis der Zug endlich um acht Uhr abends in Hamburg ankam.

Wie oft öffnete eine der Perutz-Damen im ersten oder zweiten Stock ihr Fenster und bat zischend und händeringend um Ruhe! Manche riefen sogar bei meiner Großmutter in der Wohnung an, sie möge doch ihren Buben zum Schweigen bringen, man könne doch bei so einem Lärm nicht arbeiten. Aber all diese Versuche hatten nur kurzfristigen Erfolg. Was nützt schließlich ein leiser Lautsprecher? Und außerdem musste der Zug von Hamburg ja wieder nach München zurück!

Es gab gottlob auch leisere Spiele. Man konnte an der Teppichstange turnen, Papierflieger steigen lassen oder Ball spielen, was meistens bald ein Übersteigen der Gartenmauer nötig machte, um den Ball aus dem Garten der Schwestern zurückzuholen. Stundenlang konnte ich mit meinen kleinen Plastiksoldaten spielen. Diese hatte ich nach einer Straßensammlung des Winterhilfswerks (WHW) von allen unseren Freunden und Bekannten zusammengebettelt. Gegen einen Obolus in die Sammelbüchse bekam man ja, je nach Größe der Spende, eine kleinere oder größere militärische Figur, die man dann sichtbar an sein Kleidungsstück heftete, zum Zeichen, dass man schon gespendet hatte. Da gab es Marschierer, Schützen, Fahnenträger, Reiter, Motorradfahrer, aber auch Geschütze, Panzer, Flugzeuge und Schiffe. Dieses Personal und Gerät hatte ich in sehr großer Zahl gehortet und konnte es nun in meinem Hof in prächtigen Schlachtordnungen aufstellen. Der

Pflaster- bzw. Betonboden war dort auf einer großen Fläche aufgebrochen und von Furchen durchzogen, in denen sich schwarze Erde angesammelt hatte. Es war ein ideales Gelände von Schützengräben, Senken und Hochebenen, wo ich meine Armee vortrefflich positionieren und kämpfen lassen konnte.

Schnell jedoch war jegliches Spielen im Hof abgebrochen, wenn ich merkte, dass Herr Direktor Engelhorn zu seinem Auto schritt, um wegzufahren. Sein Opel P4, ein taxiähnliches und in seiner Zeit nobles Gefährt, stand unter einem Glasdach geparkt. Er musste zunächst zurückstoßen, und dann durfte ich mich außen auf das Trittbrett stellen, während er den Wagen etwa 20 Meter weit langsam durch die schmale Ausfahrt hinaus zur Dachauer Straße rollen ließ. Das war für mich ein herrliches Erlebnis, denn Autofahren war damals etwas sehr Seltenes.

Ich hatte bis dahin noch nie in einem Auto gesessen. Er war schon ein sehr liebenswürdiger Mann, der Herr Direktor Engelhorn. Vielleicht wollte er sich auch auf diese Weise für das Lied bedanken, das ich ihm zu seinem Geburtstag vorgesungen hatte. Großmutter hatte sich mit mir in die lange Warteschlange der Gratulanten vor seinem Zimmer eingereiht und dann musste ich für ihn singen: »Du, Du liegst mir im Herzen … weißt nicht, wie gut ich Dir bin.« Das hat ihm gefallen.

Erste Einkäufe

Hinaus auf die Dachauer Straße kam man durch die erwähnte Hofeinfahrt oder durch einen breiten Durchgang im Vorderhaus. Sie war eine stark befahrene Straße. Personenwagen und Lastwagen verkehrten dort, übrigens auch Brauereifuhrwerke – von stämmigen Rössern gezogen – und vor allem drei Straßenbahnlinien. Die Linie 1 fuhr nach Moosach, die 4 zum Westfriedhof und die 21 zum Romanplatz. Wegen der großen Gefahr durfte ich die Fahrbahn zunächst nicht überqueren, zurecht, wie sich bald zeigte, denn beim Fangenspielen geriet einer meiner Schulkameraden unter die Straßenbahn.

Großmutter konnte mich aber doch bald zum Einkaufen schicken, denn die wichtigen Läden lagen alle so, dass ich den Gehsteig nicht verlassen musste. Da war in nächster Nähe der Krämerladen von Familie Wirtmann, wo es immer viel zu besorgen gab. Lange musste ich da oft anstehen und warten, weil der Verkauf nur schleppend voranging. Wegen des Krieges waren ja Nahrungsmittel rationiert und nur gegen Lebensmittelmarken erhältlich. Mehl, Zucker, Kaffee und Ähnliches mussten sorgfältig abgewogen und die Bezugsmarken abgeschnitten und in Listen eingeklebt werden. Unter den Wartenden entspannen sich dabei oft angeregte Gespräche, sodass die Geschäfte zu Umschlageplätzen für Neuigkeiten wurden.

Gleich nebenan war die Bäckerei Schneider, wo ich Brot und Semmeln holte, manchmal auch »Giraffen«, einen lilafarbenen Schaumkuchen, den ich sehr gerne aß. Wenn das Geld nicht reichte, durfte ich einfach »aufschreiben« lassen. Täglich musste ich in der Molkerei Liedl in der Augustenstraße Milch holen. Sie wurde aus einem großen Bottich mit Messbechern viertel- oder halbliterweise in unsere rote Milchkanne eingefüllt, ebenfalls gegen Lebensmittelmarken. Meist gab es nur Magermilch, Vollmilch nur für Kinder. Auf dem Heimweg machte es mir besonderen Spaß, die volle Milchkanne mit dem Rollengriff so im Kreis zu schleudern, dass die Milch in der Kanne blieb.

Zwischen diesen Hauptstationen meines täglichen Einkaufens gab es natürlich eine ganze Reihe von weiteren Geschäften: die Farbenhandlung Finster & Meißner, das Schreibwarengeschäft Jokuff, ein Musikaliengeschäft, und, in der Karlstraße, einen Blumenladen und eine Apotheke. Besondere Erwähnung verdient unser nobles Kino, das Regina-Lichtspieltheater. Es lag gleich neben der Bäckerei Schneider und hatte einen auffällig gestalteten Eingang: zwei massige Atlas-Figuren aus Granit, die, etwas gebückt, einen schweren Balkon zu stemmen schienen und als Karyatiden das Portal flankierten. Sie haben übrigens die späteren Luftangriffe überdauert und stehen noch heute.

Ich durfte nur selten einen Film sehen. In Erinnerung ist mir der Heinz-Rühmann-Film »Quax, der Bruchpilot«, der uns alle sehr erheitert hat. Meinem Entdeckerinstinkt entging auf die Dauer natürlich nicht, dass sich im Hof hinter diesem Kinogebäude in einem kleinen Anbau der Raum mit den Vorführgeräten befand. Als der Bediener einmal in der offenen Tür stand, muss ich ihn wohl so sehnsüchtig angeschaut haben, dass er mich zu sich hinaufsteigen ließ und mir erlaubte, durch ein Guckloch die Wochenschau zu verfolgen. Das war zwar verboten, mir jedoch höchst willkommen. Später durfte ich dort ab und zu einen ganzen Spielfilm sehen, einmal sogar den Kriminalfilm »Die 39 Stufen«. Ob ich das zu Hause erzählt habe, weiß ich nicht mehr.

Rundblicke

Beschränkte sich mein Aktionsradius zunächst auf die hausnahe Seite der Dachauer Straße, so weitete er sich mit der Zeit auf die gegenüberliegende Straßenseite aus und vor allem auf den Stiglmaierplatz, der immer mehr zur Drehscheibe innerhalb meines damaligen Lebensraums wurde.

Um diesen sehr verkehrsreichen Platz überschauen zu können, wäre es schon damals ratsam gewesen, das Eckhaus an der Dachauer-/Seidlstraße zu besteigen. Das war ein mächtiges, fünfstöckiges Wohnhaus, das den spitzwinkligen Abschluss dieser beiden Straßenzüge bildete und mit seiner etwas gerundeten Front in den Platz hineinführte.

Ich brauche die Besteigung dieses Hauses nicht nachträglich zu erfinden, denn schon damals bin ich öfters mit dem Fahrstuhl in sein Obergeschoss und dann sogar bis in seinen Speicher gelangt. Dort oben wohnte nämlich Frau Lederer, eine gute Bekannte von Großmutter. Wenn die beiden gelegentlich zusammen ihren Nachmittagskaffee tranken, erfuhren wir immer die neuesten und oft sorgenvollen Nachrichten über ihren einzigen Sohn, der als Matrose bei der Kriegsmarine im Einsatz war. Besonders reizvoll war für mich, dass im darüberliegenden Speicher zwei oder drei deutsche Soldaten der Flugabwehr stationiert waren. Sie mussten mit Hilfe eines Horchgeräts und eines riesigen Scheinwerfers bei nächtlichen Luftangriffen feindliche Flugzeuge orten, um ihren Abschuss zu ermöglichen. Diese Soldaten waren sehr nett zu mir. Einmal durfte ich sogar ihre Stellung betreten und ihre Geräte aus der Nähe besichtigen.

Aus Frau Lederers Wohnung im fünften Stock hatte man einen prächtigen Blick auf den Stiglmaierplatz (siehe das Bild auf dem Umschlag). Sechs große Verkehrsadern liefen auf ihm zusammen, führten Straßenbahn- und Autoverkehr heran, sortierten ihn und entließen ihn wieder in andere Richtungen. Für mich war jede dieser sechs Straßen zunächst ein Eingangstor zu noch unbekannten Gefilden, später ein Ausgangspunkt für neue Erkundungen und Erlebnisse. Ich will im Folgenden diese Straßen aus der Vogelperspektive des fünften Stockwerks reihum betrachten und aus meiner Erinnerung heben.

Da war zunächst links unten die Seidlstraße, die zum Starnberger Bahnhof führte. Zwei- oder dreimal im Jahr, wenn Großmutter ihre schon betagte Tante Marie besuchte, fuhren wir dort durch die lange Paul-Heyse-Unterführung.

Das war aufregend, denn die Durchfahrt erschien mir endlos lang und löste im Straßenbahnwagen die elektrische Beleuchtung aus. Ab und zu kam es vor, dass in einer Kurve oder auf einer Kreuzung das »Stangerl« aus der elektrischen Leitung sprang. Dann ging das Licht aus, die Trambahn blieb stehen, der Schaffner musste aussteigen und von Hand die Rolle der Kontaktstange wieder in die Stromleitung bugsieren.

Tante Marie (mit bairischer Betonung auf der ersten Silbe!) wohnte nahe bei der Oktoberfestwiese, gleich neben der Sankt-Pauls-Kirche. Sie und ihr Mann, Onkel Franz, waren ein gutmütiges altes Paar. Sie freuten sich herzlich über unseren Besuch und unsere mitgebrachten Blumen. Das Außergewöhnliche an der Tante war, dass sie einen riesigen Kropf hatte, der aber zu ihrer sonstigen Korpulenz passte. Wegen ihres schon fortgeschrittenen Alters wollte sie sich nicht mehr operieren lassen. Onkel Franz saß während der Unterhaltung wortkarg in seinem Korbsessel und horchte und lächelte nur. Er war nämlich sehr schwerhörig.

Diese zwei behäbigen alten Menschen strahlten Zufriedenheit und Lebensweisheit aus, und man fühlte sich nach dem Besuch bei ihnen durch ihr Wohlwollen beschenkt.

Zurück zum Stiglmaierplatz! Von meinem luftigen Aussichtspunkt aus lag er, wie ein »sechsblätteriges Kleeblatt« ausgebreitet, mir zu Füßen. Die zweite Ausbuchtung links war die Einmündung der Nymphenburger Straße. Diese noble, breit angelegte Pappelallee führte zum Rotkreuzplatz. Anfangs kam ich kaum in diese Straße, außer wenn Großmutter gelegentlich auf Bitten des Herrn Prokuristen Koppenberger von Perutz bei dessen Familie im Haushalt aushalf. Dann nahm sie mich mit und wir fuhren zwei Stationen weit mit der Linie 21.

Häufiger hatte ich dort zu tun, wo die Nymphenburger Straße anfängt. Da stand nämlich der Löwenbräukeller, der mit seinem unverwechselbaren Rundturm das beherrschende Bauwerk des Stiglmaierplatzes war. In meiner Erinnerung war der Turm bunt bemalt und mit hellen Stuckgirlanden verziert. Er lief oben in ein kegelförmiges Spitzdach aus, dessen vom Grünspan getönter Kupfermantel dem ganzen Gebäude eine heitere Note verlieh. Aber vielleicht trifft diese Beschreibung eher auf das Aussehen des Turmes in der Nachkriegszeit zu, das sich ebenfalls in meine Erinnerung eingeprägt hat.

In diese traditionsreiche Bierwirtschaft wurde ich, als ich schon etwas älter war, hie und da zum Bierholen geschickt. Wenn Onkel Julius nach einem heißen oder besonders harten Arbeitstag das Verlangen verspürte, zu seinem Abendessen einen Schluck Bier zu trinken, drückte mir Großmutter einige Münzen in die Hand und schickte mich mit unserem großen gläsernen Maßkrug auf den Weg zum Löwenbräukeller. Der Weg war nicht ungefährlich. Ich musste drei stark befahrene Straßen überqueren und diese drei noch einmal auf dem Rückweg. Er war immerhin kurzweilig, denn es ging vorbei an fahrbaren Obstständen und an Kiosken. In der Wirtschaft selbst war der Ausschank, je nach Jahreszeit und Wetter, entweder im Biergarten oder an der Schänke im Haus. Dort spielte manchmal die Blasmusik, sodass ich gerne ein paar Minuten verweilte, um zuzuhören, allerdings nicht zu lange, um Großmutter und Onkel nicht zu beunruhigen. Dass ich manchmal mit gespitzten Lippen ein wenig am Bierschaum schlürfte, gehört wohl zum Ritual eines jeden kindlichen Bierholers.

Die nächste Straße, die an den Brauereigebäuden unmittelbar entlanglief, war die Fortsetzung der Dachauer Straße. Sie führte mich sehr bald täglich zur Volksschule an der Gabelsbergerstraße. Zweieinhalb Jahre lang bin ich dort zur Schule gegangen. In den ersten zwei Jahren hatten wir Herrn Lehrer Dasch, einen sehr lieben älteren Herrn, bei dem wir neben der lateinischen Schreibschrift auch noch die alte »deutsche«, das heißt die gotische

Schrift, lernten. Auch für diesen Lehrer gab mir Großmutter einmal ein Tütchen Pralinen mit. Die Sache war bei mir längst vergessen – es war inzwischen Sommer geworden –, als Herr Lehrer Dasch bei Schulschluss einmal laut verkündete, alle dürften nach Hause gehen, nur ich müsse noch dableiben. Ich erschrak furchtbar. Was hatte ich bloß angestellt? Ich suchte fieberhaft nach dem Grund für diese Strafe. Als der letzte Schüler das Klassenzimmer verlassen hatte, öffnete Herr Lehrer Dasch seine Aktentasche und überreichte mir eine Tüte mit herrlichen, saftigen Erdbeeren aus seinem Garten. Die solle ich meiner Großmutter bringen, sagte er. Die Erleichterung war groß, und ebenso die Freude über die süßen Früchte.

Einmal allerdings musste ich auch die Strenge und Konsequenz meines Lehrers erfahren: Unserem Schulgebäude gegenüber stand ein Zierbrunnen. Aus mehreren Röhren ergoss sich das Wasser in sein sechseckiges und ziemlich tiefes Becken. Es war streng verboten, mit dem Wasser zu spritzen oder gar auf den Brunnenrand zu steigen. Der Grund für dieses Verbot war einleuchtend. Niemand sollte mit nassen Kleidern im Unterricht sitzen oder gar in das Becken hineinfallen. Offenbar bin ich trotzdem, auf dem Brunnenrand stehend, erwischt worden. Die Strafe folgte sogleich. Ich musste vor die Klasse treten und bekam von Herrn Lehrer Dasch sechs Tatzen, eine Strafe, die damals noch gang und gäbe war. Er holte aus seinem Katheder das gefürchtete spanische Röhrchen, hielt mit unerbittlichem Griff mein rechtes Handgelenk und ließ mit pfeifendem Geräusch sechs gnadenlose Streiche auf meine geöffnete Handfläche niedersausen. Die Hand schwoll an, der Schmerz war noch lange zu spüren. Gott sei Dank waren dies die einzigen Tatzen, die ich in meiner zwölfjährigen Schulzeit erleiden musste.

Die nächste, vom Rondell des Stiglmaierplatzes ausgehende Straße war die Schleißheimer Straße. Sie bildet mit der Dachauer Straße einen sehr spitzen Winkel, sodass die beiden Straßen fast parallel verlaufen. Deshalb wählten wir Kinder als Schulweg bald die eine, bald die andere. Gleich am Anfang der beiden Straßen, in dem schmalen Haus zwischen beiden, war eine Apotheke. Von einem offenbar gut informierten Klassenkameraden hatten wir erfahren, dass man dort für zehn Pfennig Panflavin-Tabletten kaufen konnte. Das waren orangefarbene Tabletten zur Desinfektion des Rachenraums, die man ohne Rezept bekommen konnte und die ein wenig süß schmeckten. Da Süßigkeiten damals schwer aufzutreiben waren, hatten wir es auf diesen Geschmack abgesehen. Dass ich anschließend mit gelben Lippen und Zähnen nach Hause kam, störte mich nicht und zeigte meiner verständnisvollen Großmutter und dem schmunzelnden Apotheker lediglich, wie findig Schulkinder sein können.

Weiter stadtauswärts, an der Ecke zur Gabelsbergerstraße, war die Schreibwarenhandlung Paintner, wo man alles kaufen konnte, was man für die Schule brauchte. Ein paar Häuser weiter, im zweiten Stock, durfte ich zu einer freiwilligen Singstunde gehen. Eine sehr liebe, dunkelhaarige Dame mit Stopsellocken brachte uns dort Volkslieder bei und begleitete uns dazu auf dem Klavier. In etwa gegenüber, in einem Hof, war ein Kindergarten, in den man mich früher schon einmal gebracht hatte, den ich aber verschmäht hatte, weil der Schmerz über die Trennung von meiner Großmutter sich als unüberwindbar erwiesen hatte.

Es verbleibt außer der Dachauer Straße, die ich schon anfangs ausführlich beschrieben habe, noch eine Straße, die von meinem Beobachtungsposten im fünften Stock aus rechts zu sehen war: die Brienner Straße. Sie war eine vornehme Straße, in der es keine Geschäfte gab, die aber als Abschluss einen noblen Blickfang bot: die griechischen Propyläen. Um deren mächtige ionische Säulen herum spielten wir Verstecken und Fangen, und die Parkbäume in den beiden Wiesenflächen gegenüber boten uns Gelegenheit zum Klettern. Besonders aber schätzte ich die riesige Fläche des Königsplatzes, mit seinen damals noch neuen, großen, quadratischen Steinplatten. Diese eigneten sich vortrefflich zum Kreiselspielen. Man wickelte die Schnur der Geißel um die geriffelte Seitenfläche des Holzkegels, hielt diesen senkrecht mit der Spitze nach unten auf dem Pflaster fest und brachte ihn durch ein ruckartiges Abziehen der Schnur zum Drehen. Die Platten waren so eben, dass der Kreisel durch gelegentliches Schlagen mit der Geißelschnur schier endlos in Bewegung blieb und selbst über die Plattenfugen hinweg weitertanzte.

Mit diesem Blick in die Brienner Straße schließt sich der innere Ring meines ersten kindlichen Erfahrungshorizonts. Selbstverständlich endete der Reigen meiner frühen Erlebnisse nicht an den Grenzen dieses beschränkten Umfelds, sondern dehnte sich im Lauf der folgenden Jahre allmählich nach allen Seiten hin aus.

Reviererweiterungen

Dieses Vordringen in neue Außenbezirke der Wahrnehmung geschah zunächst meist noch unter Großmutters Fittichen. Sehr gerne ging ich mit ihr in Richtung Bahnhofsplatz. Dort kam man nämlich links am Café Hölzl vorbei. Eine große weiße Scheibe mit blauem Spiralbandmuster, die sich im Schaufenster ununterbrochen drehte, machte auf Herstellung und Verkauf von Speiseeis aufmerksam. Blieb diese Scheibe auch niemals stehen, wir taten es. Denn Großmutter kaufte mir dort ab und zu für zehn Pfennig eine Waffeltüte mit einer Kugel köstlichen Vanille-Eises. Später schickte sie mich manchmal sogar mit einer Glasschüssel zum Café Hölzl, um uns in einer Anwandlung von Lebenslust für sage und schreibe eine Mark eine riesige Portion dieses Luxusprodukts zu spendieren. Wir hatten wahrlich nicht viel Geld, aber sie setzte auf diese Weise kleine Glanzpunkte in unser ansonsten bescheidenes Dasein.

Weiter vorne, gegenüber dem Hauptbahnhof, stand das Kaufhaus Hertie. Mit Großmutter durch die weitläufigen Wandelgänge seiner vier Stockwerke zu schlendern, bereitete mir großes Vergnügen. Man bewegte sich durch wahre Schluchten von verlockenden Warenangeboten. Es herrschte gleißendes Licht und in glitzernden Vitrinen spiegelten sich verführerische und oft rätselhafte Objekte, die wir zwar nicht brauchten, die aber doch von einem gewissen Zauber umgeben waren. Dazu war die Luft von einem Aroma erfüllt, dem man sich nicht entziehen konnte und wollte, einer Mischung aus erlesenen Düften aus der Parfümerie-Abteilung und appetitanregenden Gerüchen, die den Backwaren-Regalen der Cafeteria entströmten. Ganz besonders lockten mich die herrlichen Spielwaren im dritten Stock. Einmal durfte ich mir dort, wahrscheinlich zu meinem Geburtstag, für 60 Pfennig ein kleines Lastauto mit Anhänger kaufen. Es war ein Wunderwerk. Man konnte es aufziehen, und wenn es dann geräuschvoll dahinfuhr, blinkte oben über dem Führerhaus ein roter Scheinwerfer. Wie glücklich war ich, wenn ich es zu Hause unter dem Küchentisch oder auf meinen Schlachtfeldern im Hof fahren lassen konnte!

Auch in der Sonnenstraße, beim Stachus, gab es so ein Spielwarenparadies. Wie oft drückte ich mir die Nase platt an den Schaufenstern des Spielwarengeschäfts Obletter, um das fast zwei Meter hohe, aus Märklin-Bauteilen zusammengeschraubte Riesenrad zu bewundern, das seine beleuchteten Gondeln in schwindelnde Höhen hinauf- und wieder zu Tale beförderte! Großmutter hatte jedesmal Mühe, mich von diesem Außenposten des Spielzeughimmels wieder wegzubekommen.

Die weite Trambahnfahrt zum Ostbahnhof, die wir eines Tages unternahmen, barg ebenfalls Überraschungen für mich. Es ging zuerst über die Maximiliansbrücke, wo ich zum ersten Mal die Isar sah, und dann an den gerundeten Ziegelmauern entlang, die das Maximilianeum einfassen. Diese Straßenbahn, die Linie 4, war noch ein etwas altmodisches Modell und hatte einen offenen Führerstand. Ich durfte direkt neben dem Fahrer stehen und beobachtete jeden seiner Handgriffe. Zum Anfahren drehte er eine waagrechte Kurbel mehrmals rechts herum, beim Bremsen links herum. Mit dem rechten Fuß betätigte er das Glockensignal: einmalig, kurz vor dem Anfahren, mehrmalig, um auf eine Gefahr aufmerksam zu machen. Ich war voll der Bewunderung für ihn. Gleichzeitig genoss ich die leicht ansteigende Fahrt der wacker kämpfenden Linie 4, die, stetig dem Halbrund des Mauerwerks folgend, unter den üppigen Laubbäumen wie durch einen grünen Tunnel hindurchzukriechen schien. Wie schön müsste es sein, später einmal selbst Trambahnfahrer zu werden!

Neben manchen solchen waagrechten Erweiterungen meines Gesichtskreises erfuhr ich bald auch eine senkrechte.

Großmutter fuhr mit mir zum Hochhaus. Während fast alle Häuser in München damals drei- bis fünfstöckig waren, gab es ein einziges Haus, das zehn Stockwerke hatte. Es stand in der Blumenstraße und hieß »das Hochhaus«. Es war ein unverputzter Ziegelbau und beherbergte städtische Behörden. Wir hatten zwar keine Behördengänge zu erledigen, ließen uns aber trotzdem vom Aufzug hinauf in den zehnten Stock fahren. Schon die Auffahrt war abenteuerlich, denn es war ein Paternoster-Aufzug. Beim Ein- und Aussteigen musste man flink und entspannt zu Werke gehen. Der Ausblick von oben war für mich überwältigend. Großmutter erklärte mir die wichtigsten Gebäude und Türme, die Kirchen und Parks. Die Menschen und Fahrzeuge unten auf den Straßen waren wie kleine Spielzeuge. Nach allen Seiten hin konnte man bis an die Grenzen der Stadt schauen, und im Süden sah ich zum ersten Mal das Gebirge. Wie groß doch die Welt war!

Eine ganz andere Welt lernte ich kennen, als ich mit Großmutter zum ersten Mal in den Zirkus gehen durfte. Der Zirkus Krone hatte ja in München seinen festen Standort und war gar nicht weit von unserer Wohngegend entfernt.

Atemberaubend war die schnelle Abfolge der vielfältigen Darbietungen: Dressurakte mit prächtig herausgeputzten Pferden; Akrobaten, die unglaubliche Verrenkungen und Kunstsprünge vorführten; Tiger in eigens aufgebauten runden Käfigen, in denen sie durch Feuerringe sprangen; Hochseilartisten, die unter der Kuppel durch die Luft wirbelten; Elefanten, die Reigentänze aufführten oder Mundharmonika spielten. All das geschah in mitreißendem Tempo, wurde aufgeheitert durch groteske Dialoge und Szenen von zwei tölpelhaften Clowns (die mir am besten gefielen) und begleitet von der beschwingten Musik des Zirkusorchesters, in dem die Saxophone den Hauptpart spielten und die dramatischen oder komischen Ereignisse in der Manege mit erregenden oder skurrilen Melodien kommentierten.

Es war eine Welt der Verblüffung und Verzauberung. Wer hier nicht staunen konnte, der würde das Staunen nie mehr lernen. Ich jedenfalls amüsierte mich köstlich. Zwei Stunden puren Vergnügens hatten mich begeistert und wohltuend aufgewühlt. Dankbar erregt machten wir uns auf den Heimweg, übervoll von Eindrücken, die wir in freudigem Nach-Erleben gegenseitig austauschten und die ich zu Hause Onkel Julius und am Wochenende meiner Mutter erzählen würde.

Eine »Grenzerweiterung« besonderer Art möchte ich hier noch erwähnen, die zwar nicht meinen inneren und äußeren Gesichtskreis ausdehnte, dafür aber meine Fortbewegungsmöglichkeiten. Ich durfte nämlich an einem Schwimmkurs teilnehmen. Er fand einmal pro Woche an insgesamt zehn Nachmittagen im schönen Müller'schen Volksbad statt. Diese altehrwürdige Badeanstalt, um die Jahrhundertwende im Jugendstil erbaut, lag am östlichen Ufer der Isar, nahe der Ludwigsbrücke. An den ersten Kurstagen brachte mich meine Großmutter hin und holte mich wieder ab. Später konnte ich die Straßenbahnfahrt allein bewältigen.

Das Bad hatte mehrere Schwimmhallen, eine davon nur für Männer. Den Kurs, aus etwa einem Dutzend Knaben bestehend, leitete ein manchmal etwas knurriger, aber durchaus freundlicher und auch humorvoller älterer Herr, der auf straffe Disziplin achtete. Wir mussten zuerst im Trockenen üben, auf dem Bauch liegend Arm- und Beinbewegungen ausführen und diese mit dem Atem koordinieren, alles auf das strenge Kommando unseres Schwimmlehrers. Dann bekam jeder von uns zwei Schwimmgürtel aus Kork umgelegt und wurde an ein Drahtseil gebunden, das seinerseits mittels einer Rollenvorrichtung mit einem quer durch die Halle gespannten Drahtseil verbunden war. Auf diese Weise hing man genau in der richtigen Höhe knapp unter der Wasseroberfläche und konnte nun die eingeübten Bewegungen im Wasser erproben und dabei schon vorankommen. Kleinere Hustenanfälle blieben nicht aus, wenn man durch unerwünschten Wellenschlag den Mund voll bekam und Wasser schluckte. Bei unserem Lehrer konnten wir dadurch keinerlei Mitleid erwecken. Er wusste aus langjähriger Erfahrung, dass solche Atemnot sich von selbst regulieren würde. Aufmerksam schritt er am Beckenrand entlang, beobachtete unsere Bewegungen und korrigierte sie, wenn nötig, mit einem hölzernen Stock. Bald tadelnd, bald ermunternd, füllte sein gewaltiges Organ die ganze Schwimmhalle mit seiner Autorität, während wir, hilflos angegurtet, ihr mit willfährigem Respekt folgten. So drehten wir Runde um Runde, ein Fröschlein hinter dem anderen, unter der kundigen und wohlwollenden Aufsicht unseres Bademeisters.

Später bekamen wir statt zwei Schwimmgürteln nur noch einen, und am letzten Kurstag blieb auch dieser noch weg. Was für eine Freude, wenn man nun auf einmal schwimmen konnte und dies zu Hause verkünden durfte!

Noch so manches Erlebnis, noch so manche meinen Lebensraum erweiternde Erfahrung wäre hier anzuführen, wie zum Beispiel ein Besuch im Tierpark Hellabrunn oder Turnstunden im Männerturnverein (MTV) in der Nähe des Goetheplatzes oder eine Dampferfahrt auf dem Starnberger See. Aber ich will dieses ohnehin exemplarische Kapitel hier zu Ende bringen und mich der Frage zuwenden, wie ich als Kind die damalige Kriegszeit und ihre spürbaren Begleitumstände erlebt habe.

Mit meinen Eltern und Großmutter

Im Zeichen des Krieges

Nicht um eine Darstellung geschichtlicher Ereignisse in den Kriegsjahren soll es also hier gehen. Solche Darstellungen und Analysen des damaligen Zeitgeistes sind der historischen Wissenschaft vorbehalten und sind in unzähligen Studien bereits vorgenommen worden. Bei meinen hier vorgelegten Kindheitserinnerungen handelt es sich vielmehr um subjektiv Erlebtes. Es fehlt ihnen in mancher Hinsicht an Objektivität, nicht jedoch an Authentizität. Es geht nicht um faktische Geschichte, sondern um erinnertes Lebensgefühl.

Das Bewusstsein, dass unser Land sich im Kriegszustand befand, lässt sich in meiner Erinnerung an vielen Stellen festmachen.

Zunächst am Zustand unserer Familie. Mein Vater war Soldat und folglich abwesend. Er war bei der Eisenbahn-Flugabwehr (FLAK) und musste Züge, aber auch V2-Raketentransporte begleiten, ein sehr gefährlicher Einsatz. Er kehrte erst lange nach Kriegsende aus der Gefangenschaft zurück. Meine Mutter arbeitete als Telefonistin beim »Luftgau München« in der Prinzregentenstraße. Mein älterer Onkel Alois war ebenfalls Soldat bei der FLAK, an verschiedenen Einsatzorten in Norddeutschland und Frankreich, meine Tante Elisabeth Wehrhelferin in Polen, Russland und Italien. Auch mein jüngerer Onkel Andreas wurde noch eingezogen. Von ihm wird später noch die Rede sein. Unsere ganze Familie war somit spürbar vom Krieg betroffen.

Auch das tägliche Leben war in vielerlei Hinsicht vom Krieg geprägt. Dazu im Folgenden einige Beispiele:

Nahrungsmittel waren rationiert. Sie waren in zunehmendem Maße knapp und nur gegen Lebensmittelmarken zu haben. Ebenso waren Kleidungsstücke wie Schuhe oder Mäntel nur mit Bezugsschein zu erhalten. Einkäufe wurden dadurch spürbar umständlicher und zeitraubender. Die Auswahl wurde geringer, die Regale wurden leerer.

Deutlich erinnere ich mich noch an die häufigen militärischen Durchsagen im Radio. Jede Erfolgsmeldung über das Vorrücken deutscher Truppen, über die Niederschlagung feindlichen Widerstands, über das Versenken feindlicher Schiffe, über das »Aufreiben« feindlicher Verbände, über die Vernichtung feindlicher Stellungen, wurde in Sondersendungen im Radio durchgegeben. Dazu wurde das laufende Programm – es war wegen der Gleichschaltung der Rundfunkanstalten meistens ein Einheitsprogramm für ganz Deutschland – unterbrochen und es setzte jeweils eine immer gleichbleibende Erkennungsmelodie ein: eine von Fanfaren geschmetterte, sich triumphal aufgipfelnde Sieges-Dithyrambe, ehe eine fast bebende Stimme die glanzvolle Nachricht verkündete: »Das Oberkommando der Deutschen Wehrmacht gibt bekannt: ...«. Noch heute ergreift mich ein Schauder, wenn ich diese Stelle aus Franz Liszts »Les Préludes« irgendwo höre.

Fast schon zum Straßenbild gehörten damals freiwillige Sammelbüchsenträger, die die Passanten an ihre moralische Spendenpflicht für das Winterhilfswerk (WHW) erinnerten, eine Hilfsaktion zugunsten der im winterlichen Russland kämpfenden Frontsoldaten.

Zur Warnung vor Spionen waren an Wänden, Schaufensterscheiben und Bauzäunen die Schattenumrisse eines verdächtig aussehenden Individuums abgebildet, mit der Parole »Feind hört mit!«.

Abends mussten beleuchtete Fenster verdunkelt werden. Auch Straßenbahnen und Züge wurden mit schwarzen Vorhängen ausgestattet, um die Fenster abdunkeln zu können.

Die Luftangriffe wurden ja zunehmend häufiger, anfangs eher bei Nacht, später auch untertags. Ich erinnere mich an erste, vereinzelte Bombeneinschläge. Auch wir fuhren, wie viele Münchner, am Sonntag mit der Straßenbahn in die Äußere Wiener Straße, um dort ein total zerbombtes Wohnhaus zu sehen. Es war für uns ein völlig neuer, Schrecken erregender Anblick. Das vierstöckige Haus war nur noch ein Schuttberg, doch an den stehengebliebenen Seitenwänden hing vereinzelt noch ein Bild oder ein Kreuz. Auf einem erhaltenen Stück Parkettboden im dritten Stock stand noch ein Klavier. Solche Bilder haben uns tief beeindruckt und erschreckt.

Die Kriegserfahrung war also für uns von Anfang an präsent und steigerte sich in den folgenden Jahren auf dramatische Weise. Daran konnte auch der Scheinwerfer der netten Soldaten über der Wohnung von Frau Lederer nichts ändern.

Einmal erlebten Großmutter und ich einen Luftangriff im Freien. Wir waren mit unseren Rädern in Richtung BMW gefahren, um Onkel Julius über den Fabrikzaun hinweg seine Brotzeit zu bringen. Gegenüber, auf dem Flughafen des Oberwiesenfelds, ebenfalls hinter einem Drahtzaun, standen zwei riesengroße sechsmotorige Transportflugzeuge, die mich faszinierten. Ich war gerade dabei, sie aus der Nähe zu betrachten, als die Sirenen Voralarm gaben. Da wir nicht in die Innenstadt zurückfahren wollten, fuhren wir lieber stadtauswärts, in Richtung Lerchenau. Bald kam Vollalarm und wir setzten uns auf freiem Feld unter einen Baum. Dort haben wir den Angriff auf die Stadt erlebt, hörten, allerdings weit von uns entfernt, Bombeneinschläge und das Geschützfeuer der deutschen FLAK. Der Angriff dauerte nicht lange, und es ist uns nichts passiert. Ganz ungefährlich war die Sache jedoch nicht. Wir hörten nämlich Splitter der zerborstenen deutschen Granaten mit singendem Geräusch niedergehen und sahen auch, wie einige dieser Splitter nicht allzu weit von uns entfernt, sich in den Boden bohrten. Nach der Entwarnung habe ich einige davon gefunden und hocherfreut mit nach Hause genommen. Es war nämlich unter uns Schulkindern eine Art Sport geworden, Granatsplitter zu sammeln und eventuell zu tauschen. Je größer, bizarrer und zerfetzter sie waren, desto mehr waren sie für uns »wert«.

Übrigens kannten wir Buben uns bei den Flugzeugtypen ganz gut aus. Ich hatte einen »Flugzeugerkennungsdienst« in Buchform, der alle deutschen und alliierten Modelle beschrieb, zum Beispiel die Me 109, die He 111, die Ju 52, den Stuka, aber auch die Spitfire und den Thunderbolt. Ich war stolz, wenn ich sie erkennen konnte.

All dies zeigt, dass ich den Krieg erlebte und mit ihm lebte, dass ich aber als fünf- bis zehnjähriges Kind natürlich keine Hintergründe und Zusammenhänge verstand. Ich las mit großem Interesse die so genannten »Kriegsheftchen«, wie alle meine Klassenkameraden. Sie erschienen 14-tägig, kosteten nur zehn oder zwanzig Pfennig und brachten auf ihren etwa zwanzig Seiten immer spannende Kriegsgeschichten aus allen Waffengattungen, wobei die deutschen Soldaten immer siegten und Heldentaten vollbrachten. Wir verschlangen diese Heftchen und tauschten sie untereinander aus. Die politische Absicht, die mit diesen Produkten verfolgt wurde, war uns nicht bewusst, verfehlte aber ihren Zweck nicht. Wir wurden für den Krieg interessiert und fanden das Soldatendasein trotz seiner Gefahren erstrebenswert.

Damit bin ich bei den politischen Zeitzeichen meiner Kinderjahre angelangt. Sie wurden von mir als gegeben und selbstverständlich angesehen, naiv angenommen und natürlich nicht hinterfragt. Dass an vielen Stellen in der Stadt Hakenkreuzfahnen hingen, dass man häufig, wenn auch nicht in unserem Bekanntenkreis, das »Heil Hitler« mit der dazugehörigen Armbewegung antraf, dass in der Schule bei einer Vertretungsstunde der uns sehr sympathische Schulleiter in seiner braunen SA-Uniform vor unsere Klasse trat, dass durch unsere Dachauer Straße manchmal ein »Fähnlein« Hitlerjugend (HJ) marschierte, trommelnd und Pfeifen blasend, und von uns Buben wegen ihrer Uniform bewundert, all das war für uns Kinder nichts Ungewöhnliches. Störend und grausam fanden wir nur die schlimmen Luftangriffe, aber an denen waren ja die bösen Feinde schuld. Wir waren froh, einen so tüchtigen »Führer« zu haben und bewunderten ihn.

Dass ihn alle bewunderten, das konnte man täglich im Radio hören. Dass einige ihn aber so sehr geliebt hatten, dass sie sogar für ihn gestorben waren, das wussten meine Spielkameraden und ich aus eigener Anschauung. Wir spielten nämlich oft auf dem Königsplatz, und dort standen zwei Ehrentempel, in denen diese Getreuen ruhten, die für ihn ihr Leben gelassen hatten. Man hatte es uns erzählt und erklärt. Es waren zwei quadratische, flache Säulentempel aus hellem Stein, gleich neben dem großen, langgestreckten Bau, wo der Führer arbeitete, wenn er in München war. In diesen beiden Tempeln standen, etwas abgesenkt, die riesigen, schwarzblauen Bleisärge dieser Helden, etwa ein Dutzend an der Zahl.

Wir Kinder gingen dort oft ein und aus. Besonders beeindruckten uns die beiden Soldaten, die, mit geschultertem Gewehr, an jedem der zwei Eingänge Wache hielten. Diese zwei

Wachsoldaten blickten so unerbittlich und entschlossen drein, so ernst und regungslos, dass wir uns oft fragten, ob es überhaupt wirkliche Männer aus Fleisch und Blut waren. Sie zuckten nicht einmal mit den Augenlidern. Was würden sie machen, wenn einer von ihnen niesen musste? Von erwachsenen Besuchern sahen wir, dass diese, wenn sie schweigend die fünf oder sechs Stufen zum Eingang hinaufschritten, aus Ehrerbietung den rechten Arm zum Gruß hoben. Das gefiel uns, und deshalb taten wir es auch. Dutzende Male hintereinander stiegen wir, so grüßend, zum Eingang hinauf und gleich wieder herunter. Das war für uns ein Würde verleihender Akt. Wir fühlten uns dabei bedeutend und ernst genommen.

Noch wichtiger hatten wir es bei einem bald anstehenden Großereignis auf dem Stiglmaierplatz, sozusagen vor unserer Haustür. Es muss 1940 oder 1941 gewesen sein. Adolf Hitlers Besuch war angekündigt. Er sollte im Löwenbräukeller eine Rede halten.

Die Stadt war aus dem Häuschen. Der Platz und die Zubringerstraßen waren für jeglichen Verkehr gesperrt. Bereits am Spätnachmittag drängten sich dort zehntausende Menschen, Schulter an Schulter stehend, manche auf Stühlen oder Leitern. Es herrschte schönes Wetter. Eine riesige Militärkapelle spielte stramme Marschmusik. Für uns Knirpse gab es da kein Durchkommen mehr. Ich kletterte auf das Metallgitter im Rondell beim Marianum. Man wartete. Der Beginn verzögerte sich.

Plötzlich setzten frenetische »Heil«-Rufe ein. Eine Kolonne von schwarzen Limousinen bahnte sich den Weg durch die Menge. Zehntausende Hälse reckten sich, manche Leiter, mancher Stuhl kippte. Ein Adjutant öffnete die Wagentür, und heraus sprang der Umjubelte, in schmucker Uniform, mit keckem Schritt, und bestieg, mit abgewinkeltem Unterarm lässig grüßend (wie nur er es durfte), ein Podium. Jeder Satz seiner kurzen Ansprache wurde von Salven überschwänglichen Beifalls begleitet.

Und wir Kinder auf unserer Gitter-Empore? Wir wussten zwar nicht, worum es ging, aber wir schrien mit. Bald jedoch war der Spuk beendet. Der Gefeierte und seine prominenten Begleiter zogen sich in den Festsaal zurück. Viele traten nun den Heimweg an, aber eine erstaunliche Zahl von Bewunderern wartete auf das

Ende der Veranstaltung, um in der Dunkelheit noch einen Blick auf ihr scheidendes Idol werfen zu können. Ich allerdings lag zu dieser Zeit bereits schlummernd in meinem Bett, nur drei Steinwürfe vom Ort des Geschehens entfernt.

Groß war anfangs die Begeisterung in unserer Stadt, wie man sieht. München war schließlich die »Hauptstadt der Bewegung«. Im Verborgenen aber gab es mit fortschreitender Kriegsdauer anscheinend doch auch Kritik und innere Auflehnung gegen das Regime, insbesondere als sich im Russlandfeldzug Misserfolge einstellten, als der Bombenkrieg immer heftiger wurde, als die menschlichen und materiellen Verluste immer mehr zunahmen und die Versorgungslage immer prekärer wurde.

Als Kind merkte ich von solch schleichender Unzufriedenheit nichts. In der Öffentlichkeit lief ja die Propagandamaschine weiterhin auf Hochtouren, und im privaten Bereich konnte man entsprechende Bemerkungen nur mit äußerster Vorsicht machen, hinter vorgehaltener Hand und nur gegenüber vertrauenswürdigen Freunden, auf keinen Fall vor Kindern. Zu groß war die Gefahr, ertappt oder gar denunziert zu werden. »Zersetzung der Wehrmoral« hätte mit Sicherheit »nach Dachau« geführt, das heißt ins Konzentrationslager.

Auch bei uns zu Hause beachtete man wohl solche Verhaltensregeln, denn ich kann mich nicht an brisante Gespräche erinnern. Mit einer einzigen Ausnahme, und von diesem einen Fall will ich nun hier berichten.

Es waren erwachsene Freunde bei uns zu Besuch und man erzählte sich Witze. Einer davon war ein politischer Witz. Man glaubte wohl, ihn vor mir erzählen zu können, weil ich die politische Dimension ohnehin nicht verstehen würde. Aber was Kinder nicht verstehen sollen, das verstehen sie oft sehr wohl.

Hier also diese Geschichte: In einem Krämerladen warten zahlreiche Kunden, bis sie an die Reihe kommen und überbrücken die Wartezeit durch Unterhaltungen. Unter ihnen ist auch eine ältere Frau mit einem Kopftuch über ihrem schon ergrauten Haar. Sie beklagt sich, dass es keinen echten Bohnenkaffee mehr gibt, nur noch minderwertigen Kaffee-Ersatz. Sie sei doch eine große Kaffeeliebhaberin und brauche einfach ihren Kaffee, und das passe auch ins sonstige Bild der Lage, es gebe einfach nichts mehr zu kaufen, es fehle an allen Ecken und Enden, sie sei mit der Lage gar nicht mehr zufrieden. Da klopft ihr von hinten ein Mann auf die Schulter und rügt sie – offenbar ein Spitzel. Solche defaitistische Reden dürfe sie nicht führen, sagt er, das sei in Kriegszeiten schädlich und zersetzend, sie solle deshalb mit ihm auf die Polizeiwache kommen. Die Frau folgt ihm, blass und verängstigt. Auf der Wache angekommen, informiert der Polizist in Zivil seinen Vorgesetzten. Nachdem dieser die Frau durch ein Guckfenster in Augenschein genommen hat, beruhigt er seinen Kollegen: es sei doch eine sehr einfache Frau, deren schlichte Reden man nicht überbewerten dürfe, ein ernsthaftes Einschreiten lohne sich nicht, er solle ihr lediglich einen kleinen Denkzettel verpassen. Nach einer gestrengen Ermahnung wird ihr daraufhin eine Ahndung erlassen, sie solle zur Strafe lediglich, mit jeweils erhobenem Arm grüßend, hundertmal sagen: »Es geht auch ohne Bohnenkaffee, Heil Hitler!« – Was bleibt der armen Frau anderes übrig, als sich zu fügen. Sie fängt also an, diesen Spruch herzusagen und dabei kräftig zu grüßen. Als sie ihn aber zum 37. Mal wiederholt, gerät sie durcheinander und sagt: »Es geht auch ohne Hitler, Heil Bohnenkaffee!«

Diese Formel resümiert recht gut die unterschwellige Stimmung im Volk, vor allem gegen Ende des Krieges. Sie zu verbreiten wäre höchst gefährlich gewesen. Ich habe sie damals wider Erwarten irgendwie erfasst, Gott sei Dank nicht weitererzählt und bis heute nicht vergessen.

Zum Abschluss dieses Kapitels über die Auswirkungen des Krieges noch einmal zurück zu einem familiären Geschehen im zweiten Kriegsjahr.

Wohl im Sommer 1940, als Deutschland noch im Hochgefühl seiner militärischen Erfolge schwelgte, bekamen wir für zwei Tage einen Besuch, der uns zunächst in große Freude, dann aber in Wehmut versetzte. Es war mein jüngerer Onkel Andi, den ich bis dahin kaum gekannt hatte, den ich aber schnell in mein Herz schloss. Er war, wie meine Mutter und ihre anderen zwei Geschwister, in Landsberg am Lech aufgewachsen, war Gärtner und hatte zu seinem 18. Geburtstag seinen Stellungsbefehl erhalten. Nach seiner Grundausbildung war er nun ein blutjunger Rekrut und war für den Einsatz im Balkan vorgesehen. Vor seiner Abreise durfte er noch zwei Tage bei uns, bei Schwester und Tante, verbringen. Er wurde während dieser kurzen Zeit von uns verwöhnt so gut es ging. Ich war glücklich, einen so lieben Onkel zu haben. Er war ein heiterer junger Mann, bescheiden und gutmütig, und immer für einen Scherz zu haben. Ich durfte mit ihm herumbalgen und mit ihm spazierengehen und durfte ihm die Stadt zeigen, die ihm völlig unbekannt war.

Ein Erlebnis mit ihm ist mir noch gut in Erinnerung geblieben. Es gab in unserer Straße einen kleinen, unscheinbaren Laden, in dem man militärische Orden kaufen konnte. Oft schon hatte ich vor dessen Schaufenster gestanden, mit sehnsüchtigem Blick, und hatte mir die verschiedenen Auszeichnungen genau angeschaut. Da gab es Abzeichen für die Zugehörigkeit zu bestimmten Truppenteilen, da gab es Borten, silberne Schnüre, Sterne, Achselklappen, Offiziersattribute, Galamützen, Tapferkeitsmedaillen, das Eiserne Kreuz erster und zweiter Klasse, jeweils mit dem dazugehörigen Band, und, an besonders hervorgehobener Stelle, sogar ein Ritterkreuz. Immer wieder hatte ich Großmutter gefragt, ob sie mir nicht so ein Abzeichen kaufen könne. Ihre – leider unpräzise – Antwort lautete jedesmal, solche Abzeichen könnten nur Soldaten kaufen.

Zu diesem Laden führte ich Onkel Andi hin und bettelte ihn, er solle mir doch ein Tapferkeitsabzeichen oder ein EK 1 kaufen, denn nun hatte ich ja einen echten Soldaten an meiner Seite. An seine Antwort kann ich mich nicht mehr genau erinnern, aber er sagte wohl, er müsse zuerst in den Krieg ziehen und tapfer kämpfen. Dann würde er vielleicht später so eine Auszeichnung kaufen können, eine für mich und eine für sich. Dies war für mich im Augenblick enttäuschend, aber ich musste immerhin die Hoffnung nicht aufgeben.

Das Abschiednehmen am nächsten Tag war bewegend. Wir brachten ihn alle zum Hauptbahnhof. Es war ein strahlend schöner Vormittag. Der überlange Zug fuhr nach Wien und war voll von jungen Landsern. Auf dem Bahnsteig drängten sich Mütter, Väter, Ehefrauen, Geschwister, Kinder. Man umarmte sich. Tränen flossen. Aus den Fenstern heraus reckten sich Abschied nehmende Hände. Die jungen Soldaten lächelten voller Zuversicht, und als der Zug sich schließlich ganz langsam in Bewegung setzte, hörte man immer wieder ihre tröstenden Worte: »Seid doch nicht traurig, es dauert nicht lange, wir kommen schon bald wieder heim«.

Onkel Andi kam nie wieder heim. Im Partisanenkrieg in Albanien ist er gefallen, an unbekanntem Ort.

Die Tapferkeitsmedaille konnte er nicht mehr kaufen, obwohl er doch bestimmt tapfer gekämpft hatte.

Untermenzing

Es ist an der Zeit, dass ich auch von meinen Wochenenden erzähle, die ich, zumindest in der schönen Jahreszeit, meist bei meiner lieben Mutter in Untermenzing verbrachte. Sie arbeitete ja in der Stadt und musste jeden Tag mit dem Vorortszug und dann mit der Straßenbahn hin und her fahren. Am Samstag, der damals ein halber Arbeitstag und auch ein Schultag war, holte sie mich mittags bei Großmutter ab, und wir fuhren dann vom Hauptbahnhof aus mit dem Dachauer Zug zwei Stationen weit, über Obermenzing bis München-Allach. Die Fahrt dauerte eine gute Viertelstunde, und dann erwartete uns noch ein weiter Fußmarsch von zwanzig Minuten bis zu unserer Mietwohnung in Untermenzing.

Dieser Außenbezirk, mit seinen 1200 Jahren viel älter als München selbst, war damals noch ein beschaulicher Vorort mit zum Teil dörflichem Charakter. Er erstreckte sich zu beiden Seiten der Würm, die vom Starnberger See her nach Norden der Amper zufließt. Ein Teil unseres Weges führte uns an dem von hohen Laubbäumen überhangenen Bachufer entlang. An der Hauptstraße, der Eversbuschstraße, steht noch heute eine Reihe von stattlichen Bauernhöfen, einer von ihnen bei einem kleinen Weiher, der früher als Rosstränke diente. Das Herzstück des Ortes aber ist die sehr schöne, etwas gedrungen wirkende, spätgotische Kirche Sankt Martin inmitten ihres malerischen Friedhofs. Der Rest des Ortes bestand aus neueren, in der Vorkriegszeit entstandenen Wohnsiedlungen von kleinen einstöckigen, spitzgiebligen Zweifamilienhäusern, jedes umgeben von einem bescheidenen Obst- und Gemüsegarten. Zwischen diesen Siedlungen lagen noch vereinzelte Kornfelder und Kartoffeläcker, bis dorthin, wo die damals noch neue Autobahn nach Stuttgart ihren Anfang nimmt.

»Unser« Haus lag, etwas verwinkelt, in der damaligen Adolf-Wagner-Straße, heute Auenbruggerstraße. (Die Nationalsozialisten hatten ja so manche Straße nach ihren Parteigrößen umbenannt. So gab es auch in Untermenzing selbstverständlich eine Adolf-Hitler-Straße und einen Horst-Wessel-Weg, aber nur bis zum Kriegsende.) Wir wohnten im ersten Stock eines erst vor kurzem fertiggestellten Hauses. Von dort hatten wir einen nicht gerade erhebenden Blick auf einige Gärten und einen Acker. Ich musste aus dem Keller Holz und Kohlen herauftragen. Meine Mutter kochte. Sie kochte für mich was ich besonders gerne aß. Wir spülten miteinander ab und hörten nebenbei Musik aus dem Radio. Ich hatte manchmal noch Hausaufgaben zu machen. Für den Abend war die Badewanne vorgesehen, deren Ofen aber zuerst von Hand beheizt werden musste, und anschließend durfte ich im elterlichen Schlafzimmer neben meiner Mutter im Bett meines Vaters schlafen.

Vorher aber hatte es mich schon zu meinem Spielkameraden Schorschi gezogen. Familie Krampfl hatte vier Kinder und wohnte ganz in der Nähe. Schorschi war zwei Jahre älter als ich und hatte eine ältere Schwester, Hilde, sowie zwei jüngere Geschwister, Marianne und Seppi. Wie die meisten Familien war auch diese nicht vollständig. Der Vater war im Krieg in Russland, und Frau Krampfl musste mit ihren vier Kindern alleine durchkommen. Die Wohnung war klein, das Zusammenleben beengt, die finanziellen Mittel sehr beschränkt. Aber inmitten dieser quirligen Kinderschar fühlte ich mich überaus wohl. Das Essen war äußerst einfach und gerade ausreichend, und trotzdem durfte ich, sozusagen als fünftes Kind, oft mitessen. Wir spielten, sangen, scherzten, halfen im Garten, tobten mit einem Stoffball im Gang herum und waren für die arme Familienmutter sicher eine Belastung. Aber sie hat es sich nie anmerken lassen und war immer gut zu mir. Unsere Beschäftigungen waren vielfältig. Wir ordneten stundenlang unsere Briefmarkensammlungen und verglichen sie mit unserem Katalog. Wir spielten zusammen mit anderen Freunden Fußball mit einem Schwammball oder gingen, bei schönem Wetter, zum Baden an die Würm.

Mit Vorliebe spielten Schorschi und ich in der nahegelegenen Kiesgrube, in der sich nicht nur Kies befand, sondern auch jegliche Art von Abfall, den die Leute dort hineinleerten. Es war eine recht unappetitliche Umgebung, die aber für uns wegen der vielen

Dinge, die wir aus dem Unrat ziehen und gebrauchen konnten, sehr interessant war. Besonderen Spaß machte uns das Vernichten von leeren, verschlossenen Flaschen, die wir in den Grundwasserteich in der Mitte der Grube warfen und mit Steinen so lange beschossen, bis wir sie getroffen und versenkt hatten. Nach unserem Kiesgrubenbesuch schafften wir am Abend so manche Beute in unser häusliches Depot.

Diesen für uns äußerst wichtigen Ort nannten wir unser »Lager«. Es befand sich im Schuppen von Schorschis Eltern in einem ausgedienten, knapp einen Quadratmeter großen, niedrigen, ebenerdigen Hasenstall, den man uns überlassen hatte. Es war unser streng abgeschirmtes Hauptquartier, war Arsenal und geheime Schatzkammer. Wir hatten in den Boden eine Vertiefung gegraben. Dort versteckten wir einen Metallbehälter, der alle unsere Kostbarkeiten enthielt: Drahtspulen, Reißnägel, Pinsel, Schraubenzieher, Heiligenbildchen, einen Magneten, und so fort. Wir deckten das Loch mit Holzbohlen ab und breiteten darüber einen alten Teppich. Die Tarnung war perfekt. Dann gingen wir an die Ausschmückung des Raumes. Wir bespannten die etwa 80 cm hohe Decke und auch die vier Wände mit hellem Packpapier und malten darauf, mit Hilfe von Maler-Schablonen, die ich bei Finster & Meißner in der Dachauer Straße besorgt hatte, ein orangefarbenes, umlaufendes Ziermuster. Außerdem zimmerten wir eine niedrige Sitzbank und polsterten sie mit flauschigen Hasenfellen.

Die Eleganz dieses Salons war für uns ganz und gar hinreißend. Es verstand sich von selbst, dass niemand, außer uns beiden, ihn betreten durfte, insbesondere nicht Marianne und Seppi. Die schmale Klapptüre bekam ein Vorhängeschloss, dessen Schlüssel wir an geheimer Stelle an einen Nagel hängten.

Dieser ständigen Beschäftigung mit unserem Lager möchte ich nun noch ein einmaliges Erlebnis gegenüberstellen, das, so harmlos es sich ausnimmt, doch eine nachhaltige Auswirkung auf mein ganzes Leben gehabt hat.

Schorschis Vater hatte einmal aus Russland ein kleines Paket geschickt, das unter anderem auch ein paar Schachteln russische Zigaretten enthielt. Kundige Raucher haben mir später erklärt, dass diese Zigaretten unglaublich stark waren. Ihr Tabak sei so rauh gewesen, dass sich, nach einem Lungenzug, die Luftröhre anfühlte, als hätte sie ein Kaminkehrer mit einem Kugelbesen durchgeputzt. Aber das konnten wir ja nicht wissen, als Schorschi eines Tages eine solche Zigarettenschachtel zu Hause klaute und in die Kiesgrube mitbrachte. Keiner von uns hatte ja jemals geraucht, und schon gar nicht russischen Tabak. Die Schachtel enthielt zwanzig Zigaretten, und diese haben wir nun, unentdeckt von irgendwelchen Erwachsenen, eine nach der anderen, ohne Unterbrechung weggeschmaucht. Schorschi hat sogar einige Lungenzüge probiert.

Die Wirkung ließ nicht lange auf sich warten. Uns wurde schlecht, uns wurde so unsagbar schlecht, dass wir schnellstens der Kiesgrube und einander den Rücken kehrten und mit würgendem Magen und waberndem Kopf den Rückzug zu den Müttern antraten. Jeder von uns war für den Rest des Tages nicht mehr zu gebrauchen und noch am folgenden Tag war ich, wie nach einer Narkose, von widerlichem Rauchgeschmack imprägniert.

Eine gute Seite jedoch hatte diese missliche Erfahrung: Ich habe in meinem ganzen Leben keine Zigarette mehr angerührt.

Das Wochenende in Untermenzing verging schnell. Der Sonntag begann mit dem Besuch der heiligen Messe in der schönen Pfarrkirche an der Würm. Natürlich ging man zu Fuß. Autos waren kaum unterwegs. Busse verkehrten nicht. Manchmal machten meine Mutter und ich einen Fahrradausflug, im Sommer zum Beispiel an den Autobahnsee oder in die Badeanstalt in Dachau, wo ich einmal dem Ertrinken nahe war und eine Sekunde lang erfuhr, was Todesangst ist.

Die Rückkehr nach München trat ich entweder am Montagmorgen mit meiner Mutter an, die ja, wie ich in der Schule, um acht Uhr im Büro sein musste. Oder ich fuhr, als ich schon etwas älter war, am Sonntagabend mit dem Zug alleine zurück.

So folgte auf das Intermezzo in der Vorstadt wieder der Alltag in der Innenstadt.

Unruhige Nächte

Tak ... tak ... tak ... tak ... In streng regelmäßigen Abständen, im Sekundentakt, drang dieses trockene, sterile Klopfen an unsere aufmerksam lauschenden Ohren. Es hätte vom Schlag eines kleinen mechanischen Hammers kommen können, wäre da nicht ein leichter Nachhall gewesen, so, wie wenn ein Pferd langsam über das Pflaster einer mittelalterlichen Gasse schreitet. Es klang aber auch so, als würde jemand versuchen, diesen Hufschlag durch Schnalzen mit der Zunge nachzuahmen.

Tak ... tak ... tak ... tak ... Das monotone Ticken kam aus dem mit braunem Wollstoff bespannten Schallloch unseres Volksempfängers. Onkel Julius hatte ihn aus dem dritten Stock in den Luftschutzkeller heruntergetragen. Dieses Radiogerät war bei den in den letzten Jahren des Zweiten Weltkriegs immer häufiger werdenden Fliegerangriffen von unschätzbarem Wert. Bei Fliegeralarm schaltete man umgehend den »Laibacher Sender« ein, mit seinem unverkennbaren, tickenden Sendezeichen und erfuhr so durch Warnungen und Durchsagen, welche Segnungen der Kriegshimmel an dem betreffenden Tag für einen bereithalten mochte. Warum dies nicht über »Radio München« geschah, sondern über das weit entfernte Laibach in Slowenien, hatte wohl strategische Gründe.

Wir saßen also im Keller unseres dreistöckigen Hauses: meine Großmutter, Onkel Julius und ich, ein achtjähriges Schulkind, dazu noch einige wenige Personen, die ebenfalls in diesem Bürogebäude wohnten.

Unser Haus lag in der Münchener Innenstadt, knapp einen Kilometer vom Hauptbahnhof entfernt, in der Dachauer Straße. Die Wahrscheinlichkeit, einen Bombentreffer abzubekommen, war mithin ziemlich groß. Dies wissend, aber auch hoffnungsvoll verdrängend, saßen wir in wartender Runde. Der Raum mit seinen dicken, unverputzten Ziegelmauern und massiven Gewölben war nur spärlich beleuchtet. Die Stimmung war gedrückt. Gesprochen wurde kaum. Zu hören war nur das unerbittliche Ticken des Laibacher Senders.

Kurz nach ein Uhr hatte uns der Fliegeralarm wieder einmal brutal aus dem Schlaf gerissen. Die Sirene stand ja auf dem Dach des benachbarten Marianums, eines Wohnheims für Klosterschwestern, und war von unseren Wohnungsfenstern aus zu sehen und in fast greifbarer Nähe. Wenn sie anfing aufzuheulen – mit einem langgezogenen Ton zur Vorwarnung, oder, noch schlimmer, mit einem grässlich lauten auf- und absteigenden Ton zum Zeichen des Vollalarms – konnten sich einem schier Magen und Darm umdrehen. Noch heute, nach weit über sechzig Jahren, läuft es mir kalt über den Rücken, wenn ich gelegentlich eine Sirene heulen höre.

Es war also Voralarm und alles hatte, wie immer, sehr schnell gehen müssen: aufstehen, anziehen, Fenster schließen, Kopfkissen und Federbett zusammenpacken, Lichter löschen. Großmutter und Onkel hatten noch Wasser, Essbares und Kerzen, sowie ein paar Habseligkeiten mitgenommen. Ich hatte von Großmutter mit dem Finger noch schnell ein Kreuzchen auf die Stirn gezeichnet bekommen. Dann waren wir im Eilschritt die drei Holzstiegen des Treppenhauses hinuntergepoltert, aufgeschreckt durch die Gefahr, aber wortlos, gleichwohl erfüllt von der unausgesprochenen Frage, ob wir nach dem Angriff die Treppen auch wieder würden hinaufsteigen können.

Tak ... tak ... tak ... tak ... Noch immer tickte der Laibacher Sender. Ich saß, schlaftrunken, angelehnt an meine Großmutter, die ihren Arm um meine Schultern gelegt hatte, und war in mein Federbett gehüllt. Die Erwachsenen kauerten ringsum in der Düsternis, in banger Erwartung neuer Flugdienstmeldungen. Wenn das Ticken plötzlich aufhörte, konnte die Durchsage etwa lauten: Achtung, Achtung! Das Oberkommando der Deutschen Wehrmacht gibt bekannt: ein starker feindlicher Fliegerverband hat die Oberrheinische Tiefebene überquert und bewegt sich in östlicher Richtung.«

Das verhieß nichts Gutes. Die Frage war nun: würden die britischen oder amerikanischen Bomber Kurs auf Stuttgart nehmen, oder später nordöstlich abdrehen in Richtung Ulm, Augsburg oder Nürnberg? War dies nicht der Fall, so konnte man sicher sein, dass München an der Reihe war.

Eine der nächsten Meldungen bestätigte bereits diese Befürchtung: »Der gemeldete starke Bomberverband hat soeben den Lech überflogen und befindet sich im Anflug auf München«.

Inzwischen hatten die Sirenen bereits Vollalarm ausgelöst. Man konnte in fünf bis acht Minuten mit den ersten Detonationen rechnen.

Ich habe so viele Luftangriffe auf München erlebt, dass ich hier keinen bestimmten Angriff im Einzelnen beschreiben kann. Allen gemeinsam war, dass sie die Menschen in Angst und Schrecken versetzten. Wenn eine schwere Luftmine in der Nähe niederging, war eine Druckwelle und ein dumpfes Beben zu spüren. Man hielt den Atem an, verkrampfte sich, stöhnte. Manchmal ging das Licht aus. Insgeheim stieg so manches Stoßgebet zum Himmel.

Der eigentliche Angriff dauerte nicht sehr lange. Auch eine so ausgedehnte Stadt wie München war ja in wenigen Minuten überflogen und von Bombenteppichen überzogen. Um die gewünschten Ziele nachts besser treffen zu können, wurden häufig von einer Vorhut bestimmte Zonen des Stadtgebiets durch Leuchtkugeln abgesteckt, im Volksmund »Christbäume« genannt. Innerhalb dieser Zonen fand dann die »Bescherung« statt.

Erstreckte sich die spukhafte Berieselung von oben auch nur über einen kurzen Zeitraum, so war die Wirkung am Boden durchaus nachhaltig. Das zeigte sich nach der Entwarnung, wenn die Schutzsuchenden, geschockt, aber doch erleichtert, wieder ihren Kellern entströmten und sich auf die Straßen begaben, um sich zumindest in ihrem Wohngebiet ein Bild von den Zerstörungen zu machen. Dabei boten sich ihnen grauenvolle Bilder: einzelne zerbombte Häuser, deren Schuttmassen die Straßen versperrten, und zahlreiche brennende Gebäude, aus deren Fenstern meterhohe Flammen in den schwarzen Nachthimmel emporloderten.

Bei den meisten Menschen stellte sich ein Gefühl der Ohnmacht und der Wut ein, gleichzeitig ein Gefühl der Dankbarkeit, dass man selbst verschont geblieben und mit dem Leben davongekommen war.

Auch wir stiegen aus unserem Kellerverlies herauf und suchten die Dachauer Straße auf. Unser Haus und unsere unmittelbare Umgebung waren unversehrt geblieben, zumindest in der hier beschriebenen Nacht. Bei der Vielzahl der durchlebten Bombennächte kann ich in meiner Erinnerung zwischen einzelnen Angriffen ja nicht mehr unterscheiden.

Deutlich erinnere ich mich lediglich an jene Nacht, in der die Sankt-Bonifaz-Basilika getroffen wurde und ausbrannte. Wir waren nach dem Angriff wieder unterwegs in der Dachauer Straße. Als wir an der Ecke zur Karlstraße anlangten, bot sich uns ein grausiges Bild. In dieser geradlinigen und sehr langen Straße brannten zu beiden Seiten einzelne Wohnhäuser, die sich in der Tiefe der Perspektive aneinanderreihten. Ganz am Ende der Straße aber stand unsere Pfarrkirche Sankt Bonifaz in Flammen. Aus den hohen Eingangsportalen schlugen die Flammen 20 bis 30 Meter in die Höhe. Der Dachstuhl war wohl schon eingestürzt. Es war ein Bild des Grauens, das ich nie vergessen werde.

Allmählich zogen sich die verstörten Menschen wieder in ihre Wohnungen zurück – sofern sie noch eine hatten. Auch wir trugen unsere Betten wieder hinauf in den dritten Stock und versuchten, unsere Nachtruhe fortzusetzen. Mir, als Kind, gelang dies ohne weiteres, den Erwachsenen nicht immer.

Am folgenden Morgen musste das Berufs- und Geschäftsleben weitergehen – irgendwie. So gut wie möglich.

Es ging auch weiter – irgendwie. Aber nur bis zum Mittag. Dann nämlich wurde der Lebensrhythmus bereits wieder vom Volksempfänger diktiert:

tak … tak … tak … tak …

Auf dem Lande

Inzwischen war das fünfte Kriegsjahr angebrochen. Man schrieb das Jahr 1943. Die Luftangriffe auf deutsche Großstädte nahmen an Häufigkeit und Heftigkeit zu. Die Spuren der Bombennächte wurden im Straßenbild von München immer mehr sichtbar. Immer mehr Menschen wurden »ausgebombt« und suchten Zuflucht bei Verwandten oder in den Vorstädten. Die Angriffe erfolgten nicht mehr nur bei Nacht, sondern oft auch am helllichten Tag.

Die staatliche Propaganda freilich steuerte dagegen. Mit dem Mittel der Schlagermusik versuchte man, das Volk zu beruhigen und aufzumuntern und ließ keine Verzagtheit und Angst aufkommen. Zu einer schmissigen Melodie tönte es aus dem Radio:

» … und wenn die ganze Erde bebt
und die Welt sich aus den Angeln hebt!
Das kann doch einen Seemann nicht erschüttern!
Keine Angst, keine Angst, Rosmarie!«

Aber das Volk hatte trotzdem Angst. Was würde zum Beispiel bei einem Angriff am Vormittag geschehen? Waren die Luftschutzkeller für Schüler ausreichend?

Solche Fragen brachten viele Eltern und auch die staatlichen Behörden auf den Gedanken, Kinder aufs Land zu verschicken und sie dort in Sicherheit die Schule besuchen zu lassen. Die Idee der Kinderlandverschickung war geboren. Die Kinder sollten »evakuiert« werden. Dazu brauchte man aber Verwandte oder sonstige Familien, die bereit waren, ein Stadtkind aufzunehmen.

Auch meine Familie stellte solche Überlegungen an und wurde fündig. Wir kannten eine alleinstehende Frau, die schon das Töchterlein meiner Tante aufgenommen hatte und auch mich zu sich nehmen würde. Sie hieß Gretl Hinterreiter und wohnte in dem Weiler Gaden bei Waging am See, nahe dem oberbayerischen Traunstein. Sie kümmerte sich schon um Gerda, meine kleine Cousine, und war sehr kinderlieb. Es wurde vereinbart, dass ich nach den Weihnachtsferien, ab Januar 1944, dorthin ziehen und in Waging zur Schule gehen sollte.

So erfreulich diese Lösung auch war, sie bedeutete für mich eine Trennung von meinen Lieben. Je näher der Tag der Abreise kam, desto wehmütiger war mir zumute. Mein Koffer wurde gepackt, mit Schulsachen und ein wenig Spielzeug. Wer mich begleitete, weiß ich nicht mehr, wohl meine Mutter, oder Großmutter, oder beide. Die neuen Eindrücke der Zugreise halfen, den Trennungsschmerz ein wenig zu verdrängen. Es ging durch eine verschneite Landschaft, Berge tauchten auf, Dörfer mit spitzen Kirchtürmen, der Chiemsee, die Kampenwand. In Traunstein mussten wir in die Lokalbahn nach Waging umsteigen. Dort wurden wir abgeholt, aber nicht mit dem Auto, sondern mit einem Leiterwagen für das Gepäck.

Der Ort war im Winter eher unauffällig. Vom See war nichts zu sehen. Wir marschierten auf einer unasphaltierten Landstraße noch drei Kilometer weit bis Gaden. Das Haus meiner neuen Pflegemutter lag neben dieser von Lindenbäumen gesäumten Straße an einem Abhang, unterhalb einer Dorfkirche mit einem schönen Zwiebelturm.

Gretl – nicht »die Gretl«, sondern »das Gretl«, wie sie überall genannt wurde – empfing uns herzlich in ihrer schlichten, geräumigen Stube, zeigte uns die kleine Gerda und auch die Schlafkammer, in der zwei einzelne Betten standen, eines für Gretl und eines für mich. Am quadratischen Tisch vor dem Herrgottswinkel, waren bei einer Tasse heißem Kaffee schnell freundschaftliche Bande geknüpft. Gretl war die Schwester des Gadener Schusterbauern, der, wie alle wehrfähigen Bauern und Bauernsöhne, zum Wehrdienst eingezogen war, sodass alle Höfe von Frauen bewirtschaftet wurden. Sie war von mittlerer Statur, war etwa vierzig Jahre alt, trug ihr dunkelblondes, glattes Haar seitlich gescheitelt und zu einem Knoten zusammengesteckt. Ihr Gesicht war eher hager, ihre glatte Haut straff über die Backenknochen gespannt. Ihre Lippen waren schmal, aber stets zu einem Lächeln disponiert, wie auch ihre hellgrauen, gütigen Augen.

Wie der Abschied verlief, ob noch am gleichen oder am nächsten Tag, weiß ich nicht mehr. Er war sicher schwer, aber dank der warmherzigen Aufnahme und der einnehmenden neuen Umgebung, dank auch des Charmes des süßen kleinen Babys Gerda, war er doch leichter zu ertragen, als ich befürchtet hatte. Auch wollte ich mich vor dem resoluten Gretl nicht den Tränen hingeben, und außerdem versicherte man mir, ich würde bald wieder Besuch bekommen und in den Ferien nach München heimfahren dürfen. Ich überspringe also die Abschiedsszene. Gretl brachte mich liebevoll ins Bett, betete mit mir noch, wie jeden Tag, laut das Abendgebet und so fiel ich, wenn auch weit entfernt von Untermenzing und dem Stiglmaierplatz, überwältigt von den vielen Eindrücken und Empfindungen des Tages, in meiner neuen, kalten, weißgetünchten bäuerlichen Kammer, und in der dennoch wohligen Wärme meines üppigen Federbetts, bald in einen tiefen und erquickenden Schlaf.

Gaden bei Waging am See

Am nächsten Morgen stieß ich zuerst auf das im Hausgang abgestellte Motorrad Gretls. Es war eine schwere 250-Kubikzentimeter-Maschine, Marke Zündapp. Gretl war vor dem Krieg viel mit ihr gefahren. Jetzt aber ließ sie sich nicht mehr damit blicken, sonst hätte sie das fronttaugliche Fahrzeug an die Wehrmacht abliefern müssen. Die Maschine war blank geputzt und sah aus wie neu. Wie oft habe ich später als stolzer Rennfahrer in stromlinienförmiger Haltung darauf Platz genommen!

Damit habe ich bei der Schilderung meiner neuen Umgebung bereits auf Zukünftiges vorgegriffen. Dies wird auch im Folgenden öfters nötig sein. Dabei wird die damalige Chronologie des Geschehens zu durchbrechen sein und, je nach Bedarf, Früheres und Späteres miteinander verquickt werden.

Vor der Haustür lag links, am jetzt verschneiten Hang, Gretls Kräutergärtlein und gegenüber, oberhalb des steilen, gerundeten Hangs und hinter einer gemauerten Umfriedung, wie auf einem Podium, das alte gotische Kirchlein Sankt Rupert mit seinem barocken Zwiebelturm. Der Weg vor dem Hang führte rechts hinunter zur Hauptstraße und links, in einem Bogen, weiter hinauf zum Eingang der Kirche. Der achteckige Grundriss des ehemaligen Friedhofs wies, so erfuhr ich später, auf einen sehr alten Ursprung dieser wohl frühgeschichtlichen Kultstätte hin. Die Kirche wurde damals kaum noch verwendet, nur ein- oder zweimal im Jahr. Dementsprechend verwahrlost war ihr Zustand.

Um die Kirche herum standen im Halbkreis, eine Art Dorfplatz bildend, drei große Bauernhöfe, in denen ich schon bald ein und aus ging. Da war links der Schneiderbauernhof, wo ich weniger verkehrte, weil die beiden Töchter schon viel älter waren als ich. Dann kam, der Kirche gegenüber, der große Weberbauer. Dort fand ich schnell zwei Spielkameraden, die nur ein Jahr älter waren als ich: Hansi und Hias. Ersterer war der Sohn der schwarzhaarigen, etwas drallen, gutmütigen Weberbäuerin, Hias der Sohn der eher hageren Magd, die auf dem Hof mitarbeitete. Bald war ich dort wie zu Hause. Der Stall, die Tenne und der weitläufige Obstgarten hinter dem Haus wurden auch meine Spielplätze. Schließlich lag links neben der Kirche der Schusterbauernhof, aus dem auch Gretl stammte. Die liebenswürdige Schusterbäuerin mit ihren drei Kindern, dem fünfjährigen Toni und zwei kleinen Mädchen, war wie alle anderen Bäuerinnen eine sehr tüchtige Frau, die ohne ihren Ehemann, nur mit Hilfe der jungen Marie, die viele Arbeit auf dem Hof jahrelang alleine meistern musste. Beim Schusterbauern musste ich täglich die Milch holen und oft durfte ich auch bei der Mittagsmahlzeit mitessen. Vor dem Haus, an steilem Hang, stand eine Holzbank, von der aus man einen schönen Blick auf das Weide- und Ackerland am Ufer des Waginger Sees hatte.

Auch im unteren Teil des Dorfes gab es noch einige Höfe. In Erinnerung ist mir der Weihmannhof, wegen seiner großen Kinderschar. Vor dem Hof stand eine große Linde mit einer umlaufenden Rundbank. Dort spielten wir an den schönen Sommerabenden Gemeinschaftsspiele, wie zum Beispiel »Schneider, leih mia dei Scher«. Von den acht Kindern dieser Familie wurden, wie ich später hörte, einer Pfarrer und drei Klosterfrauen. Beeindruckt hat mich die Folgsamkeit der Kinder. Wenn mitten im Spiel das abendliche Gebetläuten einsetzte, stoben die Kinder auseinander, denn beim letzten Ton des Geläuts musste man zu Hause sein.

In all diesen Höfen gab es natürlich außer dem Großvieh in den Ställen auch alles Kleinvieh, das zu einem Bauernhof gehört: einen Gockel, Hennen und Küken, Enten, Gänse, Truthähne, Hasen, Hunde und Katzen. All diese Tiere gehörten von nun an zu meinem Lebenskreis, der sich so für mich, das Stadtkind, erweiterte und belebte.

Die Menschen in meiner neuen Umgebung waren ausnahmslos freundlich und haben mich in ihre Gemeinschaft herzlich aufgenommen. In den Stuben herrschte eine natürliche Heiterkeit. Man betete und aß, man sang und scherzte. Vorherrschend aber, von früh bis spät, war die Arbeit. Das Leben unter diesen schlichten, geradlinigen und frommen Menschen hat mich für mein ganzes Leben bereichert.

Eine Bemerkung verdient noch die Sprache der Gadener. Sie sprachen alle, wie auch ich, die bairische Mundart. Aber zwischen dem Münchener Dialekt und dem des Chiemgaus gab es doch Unterschiede, an die ich mich erst gewöhnen musste. Ich will nur zwei Beispiele nennen: das Wort »aft« (dann), und die häufig gebrauchte Verkleinerungsendung »-ei« (-chen, -lein). Zur Verdeutlichung ein kurzer Satz: »Aft is da Hiasei üwas Bergei owegfahrn« (Dann ist der kleine Matthias den kleinen Berg hinuntergefahren). Hochdeutsch wurde zwar verstanden, aber nicht gesprochen.

Es ist höchste Zeit, von meinem ersten Schultag zu sprechen. Ich musste sehr früh aufstehen. Als ich meinen Schulweg antrat, herrschte noch tiefe Finsternis. Ich war jedoch nicht allein. Vor unserem Haus erwarteten mich schon Hansei und Hiasei. Mit den Kindern vom unteren Dorf waren wir eine kleine Kompanie von sechs bis acht Schülern, die sich, mit geschultertem Ranzen, auf den 45-minütigen Weg machten. Durch tiefen Schnee stapften wir, plaudernd und manchmal schneeballwerfend, über die Dobelbach-Brücke und dann die Landstraße entlang, die sich in Windungen bis zum Dorfeingang hinzog. Ein Auto begegnete uns fast nie. Einmal in der Woche mussten wir noch früher aufstehen, denn dann gingen wir in die Pfarrkirche zur Schülerfrühmesse.

Das Schulgebäude lag etwas abseits. Es war ein unauffälliges Dorfschulhaus mit zwei Stockwerken und einem großen Hof. Ich kam in die dritte Klasse, die in einem eigenen Zimmer untergebracht war. Die meisten anderen Klassenzimmer beherbergten zwei verschiedene Klassen, die gleichzeitig unterrichtet wurden. Wir hatten ein nettes junges »Fräulein«, das uns in allen Fächern unterrichtete. Ihren Namen habe ich leider vergessen. Vielleicht lebt sie noch.

Während der großen Pause spielten wir im Hof gerne das Fangspiel vom bösen Wolf:

– Habt ihr Angst vor dem bösen Wolf?
– Nein, nein, nein!
– Wenn er aber kommt?
– Dann laufen wir davon.

Schon bald begann für einige Klassenkameraden und mich der Kommunionunterricht. Wir erhielten ihn nicht in der Schule und auch nicht vom »Herrn Geistlichen Rat«, sondern von den Klosterschwestern in deren wunderschönem Heim, einem von gepflegten Zierbeeten umschlossenen und von lieblichen Lauben umrankten alten Gebäude. So liebevoll gestaltet wie ihr Garten war auch ihr

Unterricht. Sie lehrten uns innige Gebete, die sie mit Hilfe eines Setzkastens selbst gedruckt und für uns in einem Heft zusammengestellt hatten, und gaben sich die allergrößte Mühe, um unsere Kinderherzen auf die erste Begegnung mit unserem Heiland gebührend vorzubereiten. Wenn ich ohne Übertreibung sagen kann, dass der Tag meiner ersten Heiligen Kommunion einer der glücklichsten in meinem Leben war, so haben die lieben Schwestern von Waging daran sicher großen Anteil.

Die Wochen vor dem Weißen Sonntag waren ganz auf dieses große Ereignis ausgerichtet. Meine erste Beichte hatte ich ja schon ein Jahr vorher in Sankt Benno in München abgelegt. Kurz vor der Erstkommunion, wohl in der Karwoche, durften wir nun dieses Sakrament erneut empfangen. In der schönen frühbarocken Pfarrkirche waren schon die Arbeiten für den Aufbau des Heiligen Grabes im Gange, während im anderen Seitenschiff wir Schulkinder uns in stiller Sammlung auf die Beichte vorbereiteten. Der Eintritt in den Beichtstuhl war immer etwas erregend. Dafür stellte sich beim Verlassen desselben eine beglückende Leichtigkeit und Dankbarkeit ein, die die Seele aufblühen und dem lieben Gott nahe sein ließ. Dieser Zustand stellte sich in Abständen immer wieder ein. Er war durch Gebet sozusagen abrufbar und begleitete mich über das Osterfest hinweg durch die folgende Woche und bis zum Empfang des heiligen Leibes am Weißen Sonntag.

In krassem Gegensatz zu diesem inneren Glanz stand die Armseligkeit der äußeren Umstände des Festtags. Es herrschte ja Krieg. Die Geschäfte waren leer, festliche Kleidung war nicht zu bekommen. Meine Mutter und meine Großmutter hatten nur mit großer Mühe leihweise einzelne Kleidungsstücke auftreiben können. Ich trug eine kurze schwarze Hose, lange, über und über geflickte schwarze Wollstrümpfe und schwarze Stiefel. Das beste Stück war eine geliehene schwarze Jacke, getragen über einem weißen Hemd mit offenem Kragen. Ein vergilbtes Foto zeigt mich noch in diesem Aufzug vor Gretls Haus, immerhin mit einer Kommunionkerze.

Ich habe jedoch unter dieser Dürftigkeit keineswegs gelitten. Das innere Licht hat den Mangel überstrahlt.

Anlass zur Freude war natürlich auch der Besuch meiner lieben Mutter, wiewohl sie schon am Abend desselben Tages wieder nach

München zurückfahren musste. Zum Mittagessen hatte es üppige süße Pfannkuchen – meine Leibspeise – gegeben, zu denen Gretl das Mehl und die Eier spendiert hatte. Ich erinnere mich auch noch an unseren Besuch im damals einzigen Café von Waging, wo ich zwei Kugeln rosarotes Wassereis bekam. Nach dem für kurze Zeit wehmütigen Abschied am Bahnhof lief ich wieder, fast eine Stunde lang, zurück nach Gaden und erreichte glücklich mein nun schon vertrautes neues Zuhause. Vor dem Einschlafen ließ ich noch einmal all die Bilder und Anmutungen des Tages in mir lebendig werden, hielt Zwiesprache mit dem lieben Gott und dankte Ihm für seine hohe Gabe.

Da ich nun die Kommunion empfangen durfte, änderte sich auch etwas an meinem schulischen Alltag. Ich ging nun nicht mehr nur einmal in der Woche zur Frühmesse, sondern fast jeden Tag. Das bedeutete früheres Aufstehen und, wegen des Nüchternheitsgebots, ein Verlagern des Frühstücks in die Schule. Gretl gab mir in einer verschraubbaren Flasche heißen Milchkaffee mit. Außerdem durfte ich mir beim Bäcker neben der Kirche eine Semmel kaufen. Ich läutete an dem kleinen Guckfenster der Bäckerei und erhielt für ein paar Pfennige eine herrlich duftende, warme Semmel durchgereicht. So konnte ich, wie viele andere auch, in der Schule noch vor dem Beginn des Unterrichts frühstücken.

Es ging nun dem Frühjahr zu. Der Schnee war weggeschmolzen. Wir konnten wieder den oberen Schulweg wählen: beim Egg über den Dobelbach, den Hohlweg hinauf und an den Steilufern des Baches entlang bis nach Gaden. Es war ein schöner Weg. Rechter Hand erstreckten sich die sanft ansteigenden Wiesen und Hänge des Mühlbergs, links unten rauschten die Wasser des Dobelbachs auf ihrem gewundenen Weg zum See. Manchmal ging ich dort mit dem blonden Weihmann Seppei heim, der ein Jahr älter war als ich. Er wollte Pfarrer werden und konnte schon das Pater noster auf lateinisch hersagen, was mir sehr imponierte. Wir haben auf diesem Weg manchmal religiöse Gespräche geführt.

Es war vereinbart, dass ich an Pfingsten nach München fahren durfte. Ich freute mich natürlich sehr darauf. Damit ich aber nicht mit leeren Händen daheim ankäme, hatte ich mir vorgenommen, zum Hamstern zu gehen. Das Hamstern war damals, besonders im Umkreis der Großstädte, eine weit verbreitete und manchmal lebenserhaltende Tätigkeit. Ich machte mich also mehrmals auf den Weg, in einigen Weilern am Mühlberg, aber auch in Dörfern bei Waging, ging von Hof zu Hof und bettelte um etwas Essbares. Dabei erklärte ich kurz meine Herkunft und meine Unterbringung »beim Gretl« von Gaden. Da die meisten Bäuerinnen sie kannten, trug ihr Name in vielen Fällen zum Erfolg meines Hamsterganges bei. Ich bekam hier ein Ei, dort ein paar Gramm Butter oder einen Esslöffel Schmalz, dort ein Stück Brot. Als ich am Pfingstsamstag in der Dachauer Straße in München ankam, bereitete es mir eine riesige Freude, meine erhamsterten Schätze vor meinen Lieben auszubreiten. Ich weiß noch, dass sechzehn Eier darunter waren, jedes vorsichtig in Zeitungspapier eingewickelt. Was für ein Schatz in solchen Zeiten!

Ich machte nicht nur diesen einen Besuch in München, ich bekam auch ab und zu selbst Besuch. Einmal kamen Großmutter und Onkel Julius und wir beschlossen, zusammen mit Gretl einen Ausflug nach Bad Reichenhall zu machen. Die Freude darüber war bei mir übergroß. Das Wetter war schön, die Zugfahrt war abwechslungsreich und ein reines Vergnügen. Es ging vorbei am Zwiesel und am Hochstaufen und man sah den langgestreckten Untersberg. Diese drei Hausberge der Waginger Gegend kannte ich schon vom Heimatkunde-Unterricht. Heute nun sollte ein vierter markanter Berg erkundet werden: der Predigtstuhl in Bad Reichenhall.

Wir wollten mit der Seilbahn hinauffahren. Es war kaum auszudenken! Ich sollte zum ersten Mal in meinem Leben mit einer Seilbahn fahren! Meine Erwartung war riesengroß. Wir sahen schon vom Bahnhof aus die Drahtseile, die über gewaltige Stützpfeiler zur Bergstation in 1700 Meter Höhe hinaufführten. Als wir aber die Talstation erreichten, mussten wir die niederschmetternde Ankündigung lesen: »Heute Ruhetag«.

Ich glaube, ich war selten in meinem Leben so enttäuscht wie in diesem Augenblick.

Dafür brachte der schöne Monat Mai andere und neue Freuden. Auf dem Mühlberg gab es jeden Abend eine Maiandacht. Wir Kinder von Gaden und auch einige von Waging, begleitet

Mit Großmutter und Gretl

Mit Großmutter und Gerda

von vielen Erwachsenen, ließen uns keine davon entgehen. Zu schön war schon der Aufstieg, über Wiesenpfade hinan und am Waldsaum hinauf, schließlich an einigen Höfen vorbei bis zur altehrwürdigen Wallfahrtskirche Mariä Heimsuchung. Von dort hatte man eine prächtige Aussicht auf den Waginger See und seine westliche Fortsetzung, den Tachinger See. Aber auch Gaden mit seinem Kirchlein auf achteckigem Grund und seinen verstreuten Bauernhäusern fügte sich harmonisch in das schöne Panorama ein.

Man trat, von Westen kommend, durch einen Vorraum unter dem wohlproportionierten Zwiebelturm in den Kirchenraum ein. Unzählige mit oft rührender Unbeholfenheit gemalte Votivbilder aus alter Zeit bedeckten die Wände und verkündeten immer wieder ihre dankbare Botschaft: »Maria hat geholfen«. Ex-voto-Kerzen verschiedensten Alters und mannigfaltigster Gestaltung und bemalte Holztafeln, die von einst erlittenen Unbilden und Schicksalsschlägen berichteten, dankten für erfahrene Erhörung und Genesung. Durch ein schmiedeeisernes Gitter, hinweg über die mit Zöpfen bekränzten Köpfe der Bäuerinnen, schweifte der Blick zum Altar, wo, in goldgelben Kerzenschein getaucht und umgeben von einem Strahlenkranz, die Gnadenmutter thronte.

Wir Kinder knieten vorn im Altarraum. Es wurde abwechselnd gebetet, nüchtern im Tonfall, aber nur äußerlich monoton. Der Rhythmus der Gebete und Anrufungen kam aus frommen Herzen. Er schien herüberzuwallen aus den Zeiten der Altvordern und sich einzuordnen in den Jahrhunderte währenden Ur-Rhythmus christlichen Betens und Lobpreisens.

Die Lauretanische Litanei stieg empor zur Madonna, umrahmt von den alten innigen Liedern zu ihren Ehren:

»Glorwürd'ge Königin, himmlische Frau …«

Dann folgte der Rosenkranz.

»Maria, breit' den Mantel aus …«,

sang die Gemeinde, und die Frauen und Kinder fügten im Herzen hinzu: » … über uns und unsere Männer und Väter im Krieg!«
Zum Schluss kam der feierliche Segen mit der Monstranz.

Der Mühlberg. Wallfahrtskirche und Blick auf Gaden und den See

Frohen Herzens traten wir ins Freie. Die untergehende Sonne sandte ihre letzten Strahlen über die abendlichen Wiesen des Mühlbergs.

Für uns Kinder begann nun ein Heimweg besonderer Art. Es war der Moment, auf den wir uns schon den ganzen Tag gefreut hatten. Wir gingen nämlich nicht heim, sondern wir rannten. In rasender Geschwindigkeit sausten wir bergab, jeder so schnell er konnte, und so schnell die Beine mittun wollten. Barfüßige Beine wirbelten, die Zöpfe der Mädchen flogen: »Wer zuerst unten ist!«

Die Antwort spielte eigentlich keine Rolle, sondern nur, dass wieder ein Tag glücklich zu Ende gegangen war, nach schulischer Arbeit, nach häuslicher Arbeit, nach Spiel und Gottesdienst, und zuletzt beschlossen durch das Abendgebet: » ... dann schließ' ich froh die Augen zu ... «.

Wenn ich heute auf mein Leben zurückschaue, so bin ich voller Dankbarkeit für die erfüllte und glückliche Zeit, die ich in Gaden erleben durfte.

Das Schuljahr ging nun mit Riesenschritten seinem Ende entgegen. Die Hausaufsätze waren geschrieben, der Lehrstoff im Großen und Ganzen durchgenommen, die Notenergebnisse eingefahren. So blieb öfters Zeit für ein Spiel oder ein neues Lied:

»Nun ade, du mein lieb Heimatland,
lieb Heimatland, ade!«

Einige Male durften wir mit unserem Fräulein sogar zum Kräutersammeln gehen. Dies geschah allerdings nicht nur zum Vergnügen, sondern auf Wunsch der Schulämter. Spitzwegerich oder Kamille zum Beispiel wurden für medizinische Zwecke gebraucht. Sie wurden von uns gesammelt, in große Papiersäcke gefüllt und an Apotheken weitergeleitet. Dabei ließ sich der Sammeleifrigeiz durch einen Wettbewerb zwischen den einzelnen Klassen durchaus steigern und gleichzeitig pädagogisch nutzbar machen.

Wir merkten bald, dass Gänge durch die blühenden Wiesen mit der ganzen Klasse sehr wohl ihren eigenen Reiz hatten und einer Unterrichtsstunde im Klassenzimmer vorzuziehen waren. So schrieben wir in der Pause ab und zu den uralten Spruch an die Tafel, den schon Generationen vor uns ersonnen hatten:

»Der Himmel ist heiter, das Wetter ist schön,
wir bitten das Fräulein, spazieren zu geh'n.«
Manchmal hatten wir damit Erfolg.

Die schöne Jahreszeit lud auch im häuslichen Leben zum Sammeln und zur Vorsorge für den Winter ein. Gretl packte die kleine Gerda in unseren langen Leiterwagen und zog mit Toni und mir in den Wald. Die Anfahrt auf der Pettinger Landstraße dauerte oft eine Dreiviertelstunde, aber sie lohnte sich. Gretl kannte sich nämlich in den Wäldern aus und wusste die besten Plätze. Es war ja nicht so (wie heute), dass das Brennholz in großen Mengen nur so herumlag. Die Wälder waren zum Teil wie leergefegt, weil abgefallene Äste ein begehrtes Brennmaterial waren, das von vielen Menschen gesammelt wurde. Wir lasen also brennbares Holz auf, trugen es zu unserem Wagen und zerkleinerten es. Zu Hause wurde es dann kleingehackt und an den Außenwänden des Hauses oder in der Holzkammer aufgestapelt. An anderen Tagen holten wir Tannenzapfen, die zu Hause noch wochenlang getrocknet werden mussten. Einfach war bei diesen Ausflügen das Essen: Äpfel und trockenes Brot, was aber im Freien besonders gut schmeckte.

Gesammelt wurden von uns auch Lindenblüten, um für den Winter Teevorräte anzulegen. Wir hatten für diesen Zweck eine Stangenschere, mit der wir die Lindenzweige von den Alleebäumen entlang der Hauptstraße abschnitten. Die Blüten wurden abgezupft und zum Trocknen auf Zeitungspapier gelegt. Am Abend roch dann das ganze Haus nach Lindenblüten, und noch nach Wochen waren Gang und Trockenkammer erfüllt von deren etwas süßlichem, fast betäubendem Duft.

Mit den langen Sommertagen war uns Buben auch ein kleiner Dienst zugewachsen, den wir aber gerne versahen. Hansei und Hiasei mussten abends gebetläutet und ich durfte ihnen dabei assistieren. Wir bekamen zu diesem Zweck den schweren Schlüssel für die Kirchentüre und hatten damit Zutritt zu dem Vorraum, in dem aus ihren Löchern in der Decke die zwei Glockenseile hingen. Die kleine, hell klingende Glocke mit ihrem dünnerem Seil war leicht zu läuten. Der Weg, den ihr Seil nach oben zurücklegte, wenn es ein Stück weit in der Deckenöffnung verschwand, war nicht sehr lang. Die große, schwere und viel tiefer klingende Glocke jedoch verlangte beim Läuten einiges Geschick. Ihr dickes Seil bewegte sich viel weiter nach oben, denn sie schwang ja viel weiter aus. Außerdem war sie viel schwerer und erforderte beim Ziehen deutlich mehr Kraft. Da wir neun- und zehnjährigen Leichtgewichte diese Kraft nicht in den Armen hatten und auch durch unser Körpergewicht nicht aufbringen konnten, bedeutete dies, dass der Glöckner beim Gegenschwung der Glocke vom Seil jeweils hinaufgezogen wurde und, mit Händen und Füßen an dieses geklammert, für kurze Zeit hilflos zwischen Erdboden und Decke zappelte. Das machte uns natürlich Spaß, besonders dem Hansei, der wegen seiner kräftigeren Statur diese anspruchsvollere Aufgabe meist übernehmen durfte, während Hiasei und ich uns mit der kleineren Glocke begnügen mussten. Aber beide Amtshandlungen waren in ihrem ideellen Stellenwert ja durchaus ebenbürtig, symbolisierte doch das tiefe Geläut das Vaterunser und die sich anschließende lieblichere Tonhöhe immerhin das Ave Maria.

Da wir nun schon einmal die Kirchenschlüssel hatten, wollten wir natürlich auch den Turm besteigen. Dies war jedoch schwieriger als wir gedacht hatten. Die Stufen der sehr steilen Holztreppe waren nämlich knöcheltief mit dem kleinkügeligen Kot der Fledermäuse bedeckt, die in Schwärmen in diesem Gemäuer hausten und sich nur in der Abenddämmerung im Freien blicken ließen. Man war versucht anzunehmen, dass diese Ablagerungen sich seit Jahrhunderten angehäuft hatten. Wir mussten uns also zuerst mit Kehrichtschaufeln und Kübeln den Weg nach oben freischaufeln. Die Entdeckung des Gebälks, des Glockenstuhls und der beiden bronzefarbenen Glocken war sehr lohnend, ganz zu schweigen von dem schönen Blick hinunter auf das Dorf und auf den See.

Bei diesem Rundblick wurde mir plötzlich bewusst, dass ich diesen liebgewonnenen Ort und seine Menschen schon bald verlassen würde, denn das Ende des Schuljahres stand unmittelbar bevor. Tief unter mir, unterhalb der Friedhofsmauer lag das Haus, wo das liebe Gretl wohnte und mein niedliches Cousinchen, wo in der Schlafkammer mein Bett stand und im Hausgang das schwere Motorrad, wo es nach Brennholz roch, nach Tannenzapfen und Lindenblüten. Linker Hand über den Dobelbach verlief die Landstraße, auf der ich so oft nach Waging gelaufen war, rechts war der Weihmann-Hof mit seiner lebensfrohen Kinderschar. Und neben mir, im Turmgebälk, da standen meine zwei Freunde, da standen Hansei und Hiasei, wie ich aus den Schallfenstern hinunterschauend.

War das für mich nicht alles Heimat geworden, die ich nun eine Zeit lang verlassen und vermissen würde?

»Nun ade, du mein lieb Heimatland ... «

Ich wusste zu dieser Zeit zwar noch nicht, dass ich nicht mehr zurückkehren würde, aber ich wusste bereits, dass dieses Dorf und seine Menschen für mich ein Stück Heimat geworden waren.

Wieder in München

Es waren nur noch wenige Tage bis zum Beginn der Sommerferien. Trotz der leisen Wehmut über die Abreise aus Waging überwog bei mir doch die Freude auf die Heimfahrt nach München und das Wiedersehen mit den Meinen. Es war ja seit langem abgemacht, dass ich gleich am letzten Schultag heimfahren dürfte. Bei ihrem letzten Besuch hatte Großmutter mir ein silbernes Fünf-Mark-Stück gegeben: Ich solle es gut aufheben und mir dafür die Fahrkarte nach München kaufen.

Aber meine Freude sollte getrübt werden. Der Krieg tobte ja weiterhin an allen Fronten, und die Luftangriffe auf die deutschen Städte, auch auf München, setzten der Zivilbevölkerung immer mehr zu. Gretl hatte zwar einen kleinen Volksempfänger, aber wir hörten nur selten Radio. Die Nachrichten waren ja 1944 alles andere als erfreulich. Um zu erfahren, was in München passierte, brauchte man auch kein Radio mehr. Man konnte es sehen, sogar in Gaden, in 100 km Entfernung. Am elften Juli abends und nachts war der Horizont in Richtung München leuchtend rot gefärbt. München brannte. Das gleiche Bild bot sich am Abend des zwölften Juli. Über den westlichen Horizont spannte sich eine ausgedehnte, rote Scheibe. München erlebte an drei aufeinanderfolgenden Tagen eine Welle von Bombardierungen, die in ihrer dichten Aufeinanderfolge alles bisher Erlebte übertrafen.

Wir in Gaden waren natürlich beunruhigt. Waren unsere Wohnungen auch getroffen worden?, fragte ich mich. Lebte meine Mutter, lebten Großmutter und Onkel Julius noch? Es war unmöglich, das zu erfahren. Meine Familie in München hatte kein Telefon, und auch in Gaden hatte, wie damals üblich, niemand ein Telefon. Wir konnten also nicht anrufen und auch nicht angerufen werden.

Der 13. Juli war der letzte Schultag und mein Reisetag. Ich war nicht nur beunruhigt, sondern auch enttäuscht. Wie hatte ich mich auf diesen Tag und auf die Heimfahrt gefreut! Was sollte nun geschehen? Gretl sagte mir bereits zwei Tage vorher, was ich schon befürchtet hatte: Ich könne nicht heimfahren, sie könne mich nicht ins Ungewisse fahren lassen. Wir müssten zuerst wissen, was passiert war. Es war für mich ein schreckliches Verbot.

Nun war der letzte Schultag endlich gekommen. Wir gingen in den Schlussgottesdienst. Wir bekamen unsere Zeugnisse. Auf dem Heimweg nach Gaden herrschte ausgelassene Ferienstimmung. Einige der Kinder bemerkten meine Bedrückung. Aber sie wussten ja nicht, was ein Fliegerangriff ist. Sie hatten noch nie einen erlebt. Ich zeigte Gretl mein Zeugnis. Ich fragte sie nach Neuigkeiten aus München. Aber wir hatten keine. Ich aß zu Mittag und spielte ein bisschen mit Gerda. Ungewissheit, Unruhe und Enttäuschung nagten in mir.

In diesen Minuten des Unmuts und des Grolls über die Vereitelung meiner Pläne schoss mir plötzlich ein Gedanke durch den Kopf, den ich heute als schlimm bezeichnen würde, der mir aber damals eine zündende Idee zu sein schien. Wie wäre es, … wenn ich trotz des Verbots von Gretl nach München fahren würde, … ohne es ihr zu sagen?

Ich war ihr gegenüber noch nie ungehorsam gewesen. Aber dieses Mal war es doch etwas anderes. Schließlich war jetzt die Schule aus, schließlich hatten wir meine Abreise seit langem ausgemacht! Meine Mutter, Großmutter und Onkel Julius erwarteten mich wahrscheinlich sogar und freuten sich auf mich, wie ich mich auf sie freute. Wenn ich führe, würde die Ungewissheit ein Ende finden. In München würde ich mich schon zurechtfinden. … In Sekundenschnelle stellten sich diese Überlegungen in mir ein und machten sich breit. Binnen einer Minute hatte ich mich innerlich dazu überredet, dass es das Beste wäre, meiner Eingebung zu folgen. Mein Unmut wich schlagartig einer freudigen Entschlossenheit.

Es war mir klar, dass ich mit Klugheit und größter Vorsicht zu Werke gehen musste. Gretl durfte von meinem Sinneswandel und von meinem Entschluss nichts merken. Ich ging vor das Haus und stellte mein Fahrrad für die Abfahrt bereit. Großmutter hatte es mir bei ihrem letzten Besuch aus München mitgebracht, sodass ich seitdem viel beweglicher geworden war. Dann ging ich wieder in die Stube, legte unauffällig mein Zeugnis in ein Schulheft, steckte mein Fünf-Mark-Stück ein, warf noch einen lächelnden Blick in Gerdas Bettchen und ging durch den Gang hinaus vor die Haustüre. Dort schwang ich mich schnell auf mein Fahrrad und fuhr mit großer Geschwindigkeit unseren Berg hinunter und auf der Landstraße nach Waging. Ich wusste die Abfahrtszeit des Zuges nach Traunstein und erreichte den Bahnhof rechtzeitig. Dort stellte ich mein Fahrrad an eine Wand, kaufte mir eine Fahrkarte nach München und stieg in den Zug.

Freudig erregt und mit mir selbst zufrieden ob meiner gelungenen Flucht, rollte ich nun in Richtung Traunstein. Weder Gretl noch sonst jemand konnte mich noch einholen. Gretl würde mich zunächst nicht vermissen, würde meinen, ich mache eine Spazierfahrt mit dem Fahrrad. Erst abends würde sie …, und was sie dann denken würde, das hatte ich nicht bedacht. So weit wollte ich auch gar nicht denken. Die Hauptsache war, dass ich jetzt auf dem Weg nach München war, uneinholbar. Otting, Kirchhalling, … der Zug fuhr aufreizend langsam. Endlich kam Hufschlag und dann Traunstein, wo ich umsteigen musste.

Der Anschlusszug nach München hatte etwas Verspätung. Ich wartete auf dem Bahnsteig. Es war ein herrlicher Tag. Der Himmel war makellos blau und es war angenehm warm. Ich hatte keinerlei Gepäck, hielt in der Hand lediglich ein Schulheft mit meinem Zeugnis. Ich hatte noch Schuhe angezogen (sonst liefen wir ja immer barfuß), trug eine Lederhose und ein kurzärmeliges Hemd.

Endlich fuhr der Schnellzug aus Salzburg ein. Es war ein sehr langer, überfüllter Fernzug aus Wien, mit Hunderten von Urlaubern und Soldaten. Ich stieg in den vorderen Teil des Zuges und konnte sogar aus dem Fenster schauen. Ich kannte ja nun die Strecke schon ein wenig. Die herrliche Bergwelt des Chiemgaus zog vorüber: Hochfelln und Hochgern, die Kampenwand und später, jenseits des Inns, der Wendelstein.

In Rosenheim wurde über Lautsprecher bereits angesagt, dass der Zug wegen der Angriffe auf München nur bis Trudering fahren könne, einem südöstlichen Vorort von München. Unter den Fahrgästen breitete sich Ratlosigkeit aus. Wie würde man weiterkommen und vom Hauptbahnhof aus Anschlusszüge erreichen? Aber zunächst war man froh wenigstens bis Trudering zu kommen. Dann würde man weiter sehen. Der Krieg macht eben vor menschlichen Plänen nicht Halt, auch nicht vor Fahrplänen.

Nach einer guten halben Stunde war Trudering erreicht, und jetzt wurde es zur Gewissheit: Der Zug würde nicht weiterfahren. Der Münchener Ostbahnhof stehe in Flammen und eine Durchfahrt durch diesen Bahnhof sei ausgeschlossen. Es wurde den Reisenden aber doch eine Notlösung angeboten. Auf einem der Nebengleise stehe ein Güterzug, der in langsamem Tempo noch ein Stück weit in Richtung Ostbahnhof fahren könne. Wer in diesen Behelfszug »umsteigen« wolle, der könne dies tun.

Diese Durchsage löste ein chaotisches Geschehen aus. Die meisten Insassen des Zuges wollten natürlich so nahe an München herankommen wie möglich. So öffneten sich auf der bahnsteiglosen Seite des Zuges sämtliche Türen, und die Menschen sprangen von den Trittbrettern hinunter auf das Schotterbett und ließen sich von den Nachfolgenden ihr Gepäck herunterreichen: Koffer, Taschen, Schachteln, Rucksäcke. Viele dieser Gepäckstücke wanderten auch durch die Fenster und wurden von den unten Stehenden in Empfang genommen. Man kann sich vorstellen, wie lange es dauerte, einen übervollen Zug auf diese Weise zu leeren. Damit aber war das Umsteigen erst zur Hälfte erledigt. Hunderte von Passagieren mussten ihre Habe über die Gleise schleppen, mussten sich einen Platz auf den Güterwaggons sichern und ihr Gepäck auf diese wieder hinaufheben, zum Teil über Bordwände hinweg, mussten es dort verstauen und selbst irgendwie das »Einsteigen« bewerkstelligen.

Ich selbst tat mir leicht. Ich hatte ja kein Gepäck und hatte schnell einen offenen Rungenwagen gleich hinter der Lokomotive erklettert. Da saß ich nun inmitten fremder Mitfahrer und zwischen Stapeln von Gepäckstücken und wartete auf die Abfahrt. Sie ließ lange auf sich warten und war begleitet von Warnungen vor den Gefahren beim späteren »Aussteigen«.

Endlich setzte sich der Zug in Bewegung und näherte sich bei sehr geringer Geschwindigkeit der brennenden Stadt. Etwa 300 Meter vor dem Ostbahnhof, unmittelbar vor einem Bombenkrater und hochgebogenen Schienen fand die beklemmende Fahrt ihr erzwungenes Ende.

War die Lage in Trudering noch chaotisch gewesen, so konnte man sie jetzt als apokalyptisch bezeichnen. Der soeben angekommene Zug mit seinen auf offenen Güterwaggons zusammengepferchten Menschen war mitten in der Zerstörung gestrandet. Rundum wüteten Flammen. Sie schlugen aus dem Bahnhofsgebäude, aus Werkstätten, aus Depots, aus Eisenbahnwaggons, aber auch aus den Fenstern der vierstöckigen Wohnhäuser neben dem Bahnkörper. Die Gleisanlagen waren an vielen Stellen von Sprengbomben getroffen worden und waren durchsetzt von Bombentrichtern. Schienen waren aus ihren Verankerungen gerissen und ragten wie verbogenes Spielzeug in die Höhe. Leitungsmasten waren geknickt, Oberleitungen, wohl noch unter Strom stehend, waren zerfetzt und hingen gespenstisch zu Boden.

Durch dieses Inferno hindurch mussten die Angekommenen sich nun einen Fluchtweg suchen. Auch ich. Als Kind war es mir schnell gelungen, von meinem Wagen herunterzuklettern. Über Gleisreste hinweg, um Bombentrichter herum und stets herunterhängende Stromleitungen vorsichtig meidend, strebte ich der seitlichen Begrenzung des Bahnhofsgeländes zu, um einen Ausgang auf die Straße zu finden. Von dort bahnte ich mir zuerst einen Weg zum Bahnhofsvorplatz. An sein jetzt brennendes Rondell konnte ich mich erinnern. Hier war ich zwei- oder dreimal mit Großmutter gewesen, wenn sie im Kaufhaus Horn etwas zu besorgen hatte.

Aber wie würde ich nun zum Hauptbahnhof kommen? Ich kannte den Weg nicht, wusste nur, dass er weit war. Wir waren damals mit der Straßenbahn gefahren. Daran war natürlich heute nicht zu denken. Nach drei aufeinanderfolgenden Großangriffen verkehrte keine Straßenbahn mehr.

Da kam mir eine Idee. Wenn ich schon den Weg nicht kannte, so konnte ich doch den Straßenbahnschienen folgen. So müsste ich wenigstens in die Innenstadt gelangen, wo ich mich schon ein wenig auskannte. Ich machte mich sofort auf den Weg.

Es war ein Vorhaben mit spannendem Ausgang, spannend in zweifacher Hinsicht. Einmal: Würde ich wirklich in die Innenstadt finden? Zum anderen: Würde auch unser Haus in der Dachauer

Straße brennen? Würde ich Großmutter und Onkel Julius dort antreffen? War meine Mutter in Sicherheit? – Um ehrlich zu sein: An Gretl dachte ich überhaupt nicht. Ihr und Gerda konnte ja nichts passieren. Im Augenblick zählte nur die unmittelbare Gefahr.

Ich schritt also zielstrebig an den Straßenbahnschienen entlang, vorbei an brennenden Häusern, manchmal über Schuttberge steigend. Eine Zeitlang wurde ich dabei von einigen Urlaubern aus Hamburg begleitet. Sie hatten mich für ortskundig gehalten und wollten auch zum Hauptbahnhof. Da sie sich aber noch weniger auskannten als ich, gingen sie eine Weile mit mir. Seltsam! Wie oft hatte ich früher in meinem Hof Züge nach Hamburg ausgerufen, und nun wurde ich von echten Hamburgern um Auskunft gebeten.

Mein Weg wurde immer problematisch, wenn es an den Schienen eine Abzweigung gab. Besonders schwierig wurde es an einem Platz, auf dem die Gleise in vier verschiedene Richtungen weiterführten. Es muss der Max-Weber-Platz gewesen sein, den ich damals noch nicht kannte. Ich musste mich dann nach meinem Instinkt richten und habe offenbar immer die richtige Richtung eingeschlagen. Das merkte ich, als ich an eine Stelle kam, an die ich mich noch erinnern konnte. Es war die Stelle, wo sich die zwei Gleise teilten und immer an einer gerundeten Mauer entlangführten. Heute weiß ich, dass es am Maximilianeum war. Dann ging es über eine Isarbrücke, von der aus ich einen Blick in eine lange gerade Straße hatte (die Maximilianstraße!) und die ganz offensichtlich in die Innenstadt führte. Aber diese Straße war übel zugerichtet worden. Flammen schlugen auf beiden Straßenseiten aus den Fensteröffnungen, und manche Häuser waren ganz eingestürzt, sodass der Weg durch Schuttberge versperrt war.

Ich ging trotzdem in diese Straße hinein, nicht nur wegen der Straßenbahnschienen, sondern auch, weil sie mir eine gewisse Orientierung bot. Einige Male allerdings, vor Schuttbergen, musste ich links in eine Seitenstraße einbiegen, dann wieder rechts und noch einmal rechts, um so die unpassierbare Stelle in einer Schleife zu umgehen. Auch in diesen Seitenstraßen standen natürlich brennende und einsturzgefährdete Häuser. Bei einem Einsturz hätte mich dort niemand vermutet.

Die Umgebung wurde mir nun immer vertrauter. Schließlich erkannte ich den Justizpalast und gelangte zum Stachus, wo ich mich auskannte. Die Bilder glichen sich, es brannte fast überall. Nach drei Angriffen gab es kein Wasser und auch keinen Löschsand mehr. Man war machtlos, es brannte einfach.

Ich bog nun in die Prielmayerstraße ein und erreichte den Bahnhofsplatz. Je näher ich unserer Wohngegend kam, desto unruhiger wurde ich.

Endlich die Dachauer Straße! Der Zutritt zu ihr vom Hauptbahnhof her war jedoch gesperrt wegen einer Zeitbombe, die dort jeden Augenblick explodieren konnte.

Ich ging deshalb die Arnulfstraße entlang, vorbei am Starnberger Bahnhof, und versuchte so den Stiglmaierplatz über die Seidlstraße zu erreichen. Auch hier bot sich das gleiche Bild wie überall: brennende und manchmal eingestürzte Häuser. Ich überquerte die Mars- und die Karlstraße. Die Spannung wurde schier unerträglich. Erst am Eckhaus zwischen der Seidl- und der Dachauer Straße würde ich um die Ecke schauen und sehen können, ob es auch bei uns brannte.

Ich konnte es sogar schon früher sehen, denn das genannte Eckhaus, das riesige Gebäude, in dessen fünftem Stockwerk ich so oft Frau Lederer besucht hatte, und in dessen Speicher die FLAK-Soldaten mir ihren Scheinwerfer gezeigt hatten, dieses mächtige Haus war nur noch ein Trümmerhaufen, und über diesen Schuttberg hinweg sah ich nun endlich unser Haus, die Nummer 54 in der Dachauer Straße: es brannte lichterloh.

Ich näherte mich so gut es ging, drang vorsichtig in die schmale Einfahrt vor, bis zu unserem Hof. Unser Rückgebäude, das gesamte Bürohaus von Perutz war bereits eine Brandruine. Von unserer Wohnung im dritten Stock standen nur noch ein paar Mauerreste.

Mein erster Gedanke galt natürlich Großmutter und Onkel Julius. Wo waren sie? Es war niemand zu sehen.

Ich ging wieder hinaus auf die Straße. Das schmale Haus linker Hand, in dem sich unser Krämerladen befand, war unversehrt. Ich trat ein.

Da stand unsere Krämerin, da stand Frau Wirtmann und stieß vor Überraschung einen Schrei aus, als sie mich erblickte. Unser

Das brennende München nach einem Bombenangriff
mit Blick auf den Stachus und das Karlstor
Gemälde von Albert Fessler, 1944

Rückgebäude sei schon gestern getroffen worden und niedergebrannt. Großmutter und Onkel Julius seien unverletzt, sie seien schon gestern nach Untermenzing zu meiner Mutter geflüchtet. Mein Onkel aber sei heute mit dem Fahrrad noch einmal in die Stadt gefahren, um eventuell noch etwas Brauchbares aus den Trümmern ziehen zu können, er sei gerade noch da gewesen, sie habe ihn selbst gesehen, ich solle schnell nach ihm Ausschau halten.

Ich ging wieder hinaus auf die Straße, in der es an mehreren Stellen noch brannte. Die Luft war geschwängert mit Brandgeruch. Das gegenüberliegende Eckhaus musste auch schon beim ersten oder zweiten der drei Angriffe getroffen worden sein. Durch die enorme Sprengkraft einer einzigen Luftmine musste es mit ungeheurer Wucht eingestürzt sein. Es standen nur noch Teile seiner Außenmauern auf der Hofseite. Vielleicht waren die Bewohner im Keller noch verschüttet. Später erzählte man mir die erstaunliche Geschichte von der Rettung einer Frau, die im zweiten Stock gewohnt hatte. Sie sei bei Fliegeralarm in den Luftschutzkeller gegangen wie die anderen Bewohner auch, habe sich dann aber erinnert, dass sie ihren Milchtopf auf dem Balkon vergessen hatte. Sie sei also noch einmal hinaufgeeilt in ihre Wohnung und sei auf den Balkon hinausgetreten. In diesem Augenblick sei das Haus getroffen worden und eingestürzt, mit Ausnahme der Mauer, die den Balkon trug, und die Frau habe nicht mehr in ihre Küche zurückgehen können, weil diese, wie das ganze Haus, nicht mehr da war. Sie sei später von der Feuerwehr mit Leitern gerettet worden und unverletzt geblieben.

Es dauerte nicht lange, bis Onkel Julius und ich uns begegneten. Welche Überraschung für ihn, was für ein freudiges Wiedersehen! Etwas hatte ihn gedrängt, noch einmal in die Stadt zu fahren, obwohl es eigentlich keinen vernünftigen Grund dafür gab. Er fand im Schutt keinen Kochtopf mehr, dafür aber mich. Er setzte mich schräg auf die Stange seines Fahrrads und wir fuhren los nach Untermenzing. In der Hand hielt ich immer noch das Heft mit meinem Zeugnis. Nach den aufwühlenden Erlebnissen dieses Tages war es wohltuend, geborgen vor seiner breiten Brust und zwischen seinen kräftigen Armen zu sitzen.

Nun folgte noch das Wiedersehen mit Großmutter und meiner Mutter. Sie hatten mich in Sicherheit gewähnt, und nun stand ich auf einmal vor ihnen. Sie wollten ihren Augen nicht trauen, als sie mich sahen, waren einen Augenblick lang sprachlos, dann aber voll überschwänglicher Freude und Dankbarkeit. Die Umarmungen wollten kein Ende nehmen.

Großmutter war über meine Heimkehr glücklich, aber sie war auch gezeichnet von den Schrecken der vergangenen Tage und Nächte. Ihre Hände zitterten unübersehbar und sie fing immer wieder zu weinen an.

Vieles gab es nun zu erzählen: die Geschichten von den Angriffen auf München und auch die Geschichte von meiner abenteuerlichen Flucht aus Waging.

Gretl konnten wir nicht anrufen, und auch ein Brief an sie hätte nicht viel genützt, weil die Post nicht mehr funktionierte. Sie erzählte uns später, dass sie erst nach zwei Wochen von meiner Ankunft in München erfahren hatte.

Was habe ich dieser guten Frau durch meine Unbedachtsamkeit und durch meinen Ungehorsam angetan! Ich habe es erst im Nachhinein begriffen. Sie war verantwortlich für mich und musste zwei Wochen lang um ein Kind bangen, das ihr anvertraut war. Ich habe in Gedanken unzählige Male, und auch von Angesicht zu Angesicht, bei ihr Abbitte geleistet. Sie aber hatte damals durch ihr kraftvolles Sturmgebet den Schutz des Himmels auf mich herabgefleht.

Geräusche

So war ich wieder mit meinen Lieben vereint, war von meiner neuen in meine alte Heimat zurückgekehrt. Nach den Wirrnissen dieser Rückkehr war der Aufenthalt im fast ländlichen Untermenzing beinahe beschaulich. Allerdings nur beinahe, und diese Einschränkung ist wohlbegründet.

Die jahrelangen Luftangriffe mit ihrer dramatischen Steigerung in den letzten Monaten waren an Großmutter nicht spurlos vorübergegangen. Ihr geliebtes Heim und ihre Wirkungsstätte in der Dachauer Straße lagen in Schutt und Asche. Schmerzliche Erinnerungen daran und Schreckensbilder wollten sie nicht loslassen. Sie hatte ihre menschlichen Kontakte und auch ihre ganze Habe mit einem Schlag verloren. Sie brauchte einige Zeit, bis sie ihr inneres Gleichgewicht wiederfand.

Bewegt waren auch die Tage meiner Mutter. Sie arbeitete noch immer in der Stadt, musste seit Jahren den Hauptbahnhof passieren und die Innenstadt durchqueren. Sie war weiterhin großen Gefahren ausgesetzt. Wir waren jeden Tag in Sorge um sie. Ihr Leben war alles andere als beschaulich.

Das traf auch auf Onkel Julius zu, der noch immer bei BMW arbeitete, also auf einem industriellen Werksgelände, das weiterhin ein begehrtes Ziel für feindliche Bomben war, und der auf seinem jetzt deutlich weiteren Arbeitsweg von etwa 12 Kilometern mit dem Fahrrad ebenfalls ständig gefährdet war.

Für uns alle bestand die Bedrohung durch die Luftangriffe im Übrigen auch in Untermenzing, denn in Allach, nur etwa einen Kilometer von unserem Haus entfernt, lag der riesige Rüstungsbetrieb Kraus-Maffei, wo Lokomotiven und Panzer gebaut wurden. Auch in dessen Umgebung drohte besondere Gefahr.

Von Beschaulichkeit konnte also keine Rede sein. Dazu kam, dass auch das häusliche Leben in unserer Einfamilienwohnung jetzt sehr beengt war. Großmutter und Onkel Julius hatten nur ein Zimmer. Küche, Bad und WC mussten gemeinschaftlich benutzt werden.

Übrigens war auch mein Vater, als Eisenbahn-FLAK-Soldat, ständig in Gefahr, nicht zuletzt als Begleiter von Transportzügen mit V2-Raketen. Er hat uns sehr viel später einmal erzählt, wie er die völlige Zerstörung des Bahnhofs von Heidelberg miterleben musste.

Was mich betrifft, so hatte ich, trotz fast täglicher Angriffe, zunächst recht schöne Sommerferien. Ich fand meinen alten Freund Schorschi wieder. Wir feierten unser Wiedersehen und ließen unser »Lager-Leben« wieder erstehen. Anfang September 1944 fanden die Ferien sogar eine unerwartete Fortsetzung. Die Luftangriffe waren so zahlreich geworden, dass man beschloss wegen der Gefährdung der Schulkinder den Unterricht bis auf Weiteres ganz einzustellen. Da wir nun am Stadtrand wohnten, sollte ich auch nicht mehr nach Waging zurückkehren.

So stellte sich für mich, im Vergleich zum vorausgegangenen Halbjahr, ein neuer Lebensrhythmus ein. Vier Dinge wurden zum Dauerzustand: mein Aufenthalt in Untermenzing; der Ausfall des Unterrichts bzw. die anhaltenden Ferien; das Brummen feindlicher Fliegerverbände mindestens einmal pro Tag oder Nacht; und, als Folge davon, das Ticken des Laibacher Senders. Dieser neue Verlauf meines Lebens hatte für mich zweifelsohne ein paar schöne Seiten, war aber insgesamt doch zermürbend. Er hielt an bis zum Ende des Krieges.

Im Frühjahr 1945 überraschte uns meine Tante Elisabeth mit ihrer Heimkehr aus Italien. Sie hatte den Krieg zuletzt in Bologna miterlebt und war vor den heranrückenden alliierten Truppen geflohen. Eines Tages stand sie vor unserer Tür und da hieß es eben: noch enger zusammenrücken. Bei Fliegeralarm hatte sie überhaupt keine Angst und wollte nicht in den Luftschutzkeller gehen. Das änderte sich jedoch schlagartig, als sie in einem Personenzug bei Pasing in einen Tieffliegerangriff geriet. Der Zug hielt, die Passagiere sprangen aus dem Zug und liefen in ein Waldstück, wobei viele von ihnen ums Leben kamen. Unmittelbar neben ihr schlugen Bomben ein. Wie durch ein Wunder blieb sie unverletzt. Als sie nach Hause kam, schlotterte sie am ganzen Körper vor Angst. Von da an war sie beim Ertönen der Sirenen immer als Erste in der hintersten Ecke unseres Kellers zu finden und zitterte am ganzen Leib bis zum Ende des Alarms. Dieses Trauma ist ihr lange Zeit geblieben.

Es ging nun sehr rasch dem Kriegsende zu. Die Afrikafront war längst zusammengebrochen, die deutschen Truppen waren überall auf dem Rückzug: in Russland, auf dem Balkan, in Frankreich, in Italien. Die Alliierten hatten schon den Rhein überschritten. Es wurde bereits auf deutschem Boden gekämpft. Die letzten Reservisten (16 bis 60 Jahre!) wurden zum »Volkssturm« eingezogen. Sie errichteten in Untermenzing Brückensperren entlang der Würm, um später die feindlichen Panzer am Überschreiten der Brücken hindern zu können. Zu den gewohnten Kriegsgeräuschen, dem Aufheulen der Sirenen, dem Brummen der Bomberverbände, dem Ticken des Laibacher Senders, gesellte sich nun noch das ferne Wummern der amerikanischen Artillerie, die schon im Raum Ulm operierte.

Aus diesen »endzeitlichen« Tagen will ich hier noch ein Erlebnis berichten, das mich tief berührt hat und das ich nie vergessen werde.

Es muss Ende April 1945 gewesen sein, wenige Tage vor dem Einmarsch der Amerikaner in München. Es herrschte frisches, aber freundliches Aprilwetter. Ich hatte, wie immer, bei offenem Fenster geschlafen. Als ich am Morgen aufwachte, hörte ich von draußen ein leises, eigenartiges Geräusch, wie ich es noch nie vernommen hatte. Es hatte nichts mit dem genannten Geschützfeuer zu tun, auch nicht mit dem vertrauten Brummen der amerikanischen Bomber. Es klang anders, fremdartig. Es war eine Art anhaltendes Knirschen, so ähnlich wie wenn man auf dem feinen Kies eines Gartenwegs geht. Aber es war diffus, ohne jeglichen Rhythmus. Seltsam! Ich konnte mir nicht erklären, was es war und woher es kam. Auch nicht meine Mutter und meine Großmutter.

Nach dem Frühstück wollte ich diesem Geräusch nachgehen. Ich lief mit meinem Freund zur etwa 500 Meter entfernten Untermenzinger Hauptstraße. Sie hieß damals noch Adolf-Hitler-Straße (heute Eversbuschstraße). Es ist die Straße, die, von Allach kommend, Untermenzing durchquert, dann nach Pasing und schließlich durch das Würmtal nach Starnberg führt. Wir hatten offensichtlich die Richtung, aus der das undefinierbare Geräusch kam, richtig eingeschätzt, denn als wir die Straße erreichten, bot sich uns die Lösung des Rätsels.

Es war für uns zehnjährige Kinder eine unerwartete und befremdende, um nicht zu sagen unheimliche Lösung. Vor uns gingen, in einem anscheinend endlosen Zug, in unregelmäßigen Abständen und Gruppierungen, gefangene Männer in gestreifter Häftlingskleidung. Sie wurden bewacht von Soldaten in Uniform, von denen jeder ein Maschinengewehr im Anschlag hielt und die im Abstand von 40 bis 60 Metern neben den Gefangenen herschritten.

Wir standen da, am Randstein, mit offenem Mund … und schauten. Woher das Geräusch kam, das verstanden wir nun. Es kam von den Holzschuhen der Gefangenen. Das leichte Getrappel auf dem Asphalt, das die Holzschuhe erzeugten, verstärkte sich, aus vielhundertfacher Quelle kommend, zu einer Art akustischem Konglomerat und verschmolz zu jenem monotonen, pointillierten Geräuschband, das schon am frühen Morgen in unseren Schlaf gedrungen war und seitdem, wohl schon die ganze Nacht hindurch, die in der Nähe der Würm wohnenden Menschen verunsicherte. Wir verstanden jetzt das Geräusch, aber sonst verstanden wir nichts.

Es müssen sehr böse und gefährliche Männer sein, dachte ich mir. Sonst würden die Soldaten sie nicht so streng bewachen. Aber nein. Auch böse und gefährliche Menschen würden doch nicht so verwahrlost aussehen wie diese. Sie waren völlig heruntergekommen, ungepflegt, ausgezehrt. Auch ein Gefangener konnte sich doch wenigstens waschen und rasieren. Sie schienen auch am Ende ihrer Kraft zu sein und konnten kaum noch einen Fuß vor den anderen setzen. Manche wankten.

Wahrscheinlich hatten sie sehr Hunger. Ich hätte ihnen gerne etwas zu essen gegeben. Aber ich hatte nichts. Wir hatten auch zu Hause kein Brot mehr. Nicht weit von uns entfernt stand die Baumann-Bäuerin vor ihrem Hof, die Mutter eines meiner Freunde. Sie war klein, trug ein helles Kopftuch und eine blaue Schürze, in der sie mit der linken Hand etwas zu verbergen schien. Ich sah, wie sie ab und zu mit der rechten Hand ein Stück Brot aus ihrer Schürze nahm und es einem der Männer gab. Aber das tat sie immer nur dann, wenn keiner der Soldaten es sehen konnte. Offenbar war es verboten, den Gefangenen etwas zu essen zu geben.

Das Schlimmste aber an diesen Gestalten waren ihre Gesichter. Es fehlte ihnen nicht nur jeglicher Glanz, jegliche Lebensfreude, es fehlte ihnen jegliche Hoffnung. Ihr Blick war abgrundtief traurig, leer, abgestumpft durch ihr Leid. Sie schienen nur an den nächsten mühsamen Schritt zu denken. Sie schienen jeder Würde beraubt, waren gezeichnet durch die Erniedrigung, waren gebrochen.

Plötzlich kam ein Mann auf uns Kinder zu und vertrieb uns. »Das ist nichts für euch«, sagte er, »verschwindet!«

Verstört traten wir den Heimweg an. Zu Hause erzählte ich natürlich, was ich gesehen hatte und stellte Fragen. Meine Mutter und meine Großmutter versuchten, mir mit kindgerechten, abmildernden Worten zu erklären, dass diese Männer aus einem Gefängnis in Dachau kämen. Das Wort Konzentrationslager gebrauchten sie nicht. Den erbärmlichen Zustand der Häftlinge konnten sie mir nicht recht erklären, sie kannten ihn wahrscheinlich selbst nicht.

Als ich später die Geschichte des Dachauer Lagers kennenlernte und noch später das ehemalige KZ selbst besuchte, fragte ich meine Mutter wieder. Sie versicherte mir, dass sie von der Existenz des Lagers gewusst hatte, aber nicht von den Gräueltaten, die dort begangen wurden.

Damit habe ich in meiner Erzählung wieder einmal auf die Zukunft vorgegriffen, und wenn ich schon dabei bin, so will ich noch zwei solche Vorgriffe hinzufügen.

In mehreren Würmtal-Gemeinden und auch in Waakirchen bei Bad Tölz, wo der Zug sich auflöste, stehen ergreifende Denkmäler zur Erinnerung an ihn, die mir das abgründige Holzschuhgeräusch und die bedrückenden Bilder von damals immer wieder ins Gedächtnis rufen.

Ein Memento von ganz anderer Art ist eine Komposition von Karl Amadeus Hartmann, der den Marsch der Schande offenbar

*Denkmal zur Erinnerung an den Häftlingszug
von 1945 in Waakirchen bei Bad Tölz
Bronzeplastik von Hubertus von Pilgrim*

einen Tag später erlebt hat als ich, in Kempfenhausen am Starnberger See. Er war durch das Erlebnis so aufgewühlt, dass er darüber eine Klaviersonate schrieb. Wenn ich ihre todbetrübten Halbtonfortschreitungen und schneidend-schrillen Akkorde höre, tauchen die geschundenen Kreaturen von damals wieder in ihrer ganzen Verzweiflung vor mir auf.

Kriegsende

Das Artilleriefeuer und der Gefechtslärm rückten immer näher. In Ludwigsfeld wurde ein Versorgungszug geplündert. In einem Wäldchen in der Nähe unseres Hauses, nahe der Autobahn nach Stuttgart, hatten sich noch Volkssturmtruppen verschanzt, um gegen die vorrückenden amerikanischen Panzer Widerstand zu leisten. Diese Aktionen waren von vornherein aussichtslos. Sie bewirkten lediglich, dass die Amerikaner zurückschossen. Im Zuge dieser Gefechte schlug im Garten neben unserem Haus eine Granate ein. Splitter flogen, Dachziegel gingen zu Bruch. Es entstand jedoch kein ernsthafter Schaden. Immerhin fanden wir nach diesem Beschuss in unserer Küche einen Splittereinschlag in der Wand genau an der Stelle, wo mein Sitzplatz war. Hätten wir nicht zwei Minuten vorher den Frühstückstisch verlassen, um den Luftschutzkeller aufzusuchen, so wäre ich von diesem Splitter genau in der Mitte der Stirn getroffen worden.

Anschließend wurde es ruhig. Die Bewohner der meisten Häuser hatten weiße Tücher aus den Fenstern gehängt. In der Eversbuschstraße standen nun Kolonnen von riesigen amerikanischen Panzern. Sie hatten die Brückensperren an der Würm weggeschoben als wären es Streichholzschachteln. In einer Marschpause saßen amerikanische Soldaten neben ihren Panzern am Straßenrand. Sie wurden von der Bevölkerung freundlich empfangen.

Wir Buben trauten uns als Erste in die Nähe der kolossalen Kettenfahrzeuge, um sie zu bewundern. Im Nu saß ich auf dem Schoß eines amerikanischen Soldaten. Wir konnten zwar nicht miteinander sprechen, aber ich spürte, dass er mir wohlgesonnen war. Vielleicht hatte er zu Hause in Amerika selbst einen kleinen Sohn in meinem Alter. Zum Beweis seines Wohlwollens schenkte er mir ein Stück Kaugummi. Er musste mir zuerst zeigen, was man damit macht. Ich hatte noch nie in meinem Leben Kaugummi gesehen, geschweige denn gekaut. Wir schieden wortlos, aber in gutem Einvernehmen voneinander. Mein erster Kontakt mit den Amerikanern und ihrer Kultur war geknüpft.

Einige Tage später sahen wir über unseren Gartenzaun einen amerikanischen Soldaten klettern. Er war himmellang und vor allem: er war schwarz. Wir hatten noch nie einen dunkelhäutigen Menschen gesehen. Meine Mutter, Tante Elisabeth und Großmutter erschraken zutiefst. Aber es stellte sich gleich heraus, dass er in harmloser Absicht kam. Er zeigte mit Daumen und Zeigefinger die ovale Form eines Eis und imitierte dazu das Gackern einer Henne. Wir verstanden sofort, dass er ein Ei wollte, konnten ihm aber keines geben, weil wir keines hatten. Das hat er verstanden und hingenommen und sich dann über den Zaun hinweg höflich wieder verabschiedet.

Man schrieb den 30. April 1945. Ohne viel Widerstand anzutreffen, marschierten die amerikanischen Truppen in München ein und besetzten es. Mit dem Fall dieser letzten deutschen Großstadt war der Krieg de facto beendet. Am selben Tag nahm sich Hitler in Berlin das Leben. Kurze Zeit später, am 8. Mai 1945, folgte die Unterzeichnung der Kapitulation Deutschlands.

Welche Bilanz kann ich nach diesen Jahren für mich und unsere Familie ziehen?

Wir haben diesen schrecklichen Krieg körperlich mehr oder weniger unbeschadet überlebt, wenn auch nicht ohne große Opfer. Unser lieber Onkel Andi hat sein junges und hoffnungsvolles Leben lassen müssen. Großmutter und Onkel Julius wurden ausgebombt und haben ihr Hab und Gut verloren. Tante Elisabeth hat drei Kriegsschauplätze überstanden und einen Tieffliegerangriff mit knapper Not überlebt. Meine Mutter hat ihr stark gefährdetes Leben mit viel Glück behalten dürfen. Mein Vater ist trotz ständiger Bedrohung ebenfalls unversehrt davongekommen, wenn er auch noch lange Zeit in harter Kriegsgefangenschaft ausharren musste.

Und ich selbst? So paradox es klingen mag, ich habe insgesamt gesehen die sechs Kriegsjahre persönlich als glückliche Zeit empfunden. Ich habe von allen Seiten Liebe erfahren. Es wurde sicher viel für mich gebetet und ich stand unter dem Schutz des Himmels. Ich bin an den Herausforderungen der Kriegszeit sicherlich gewachsen und gereift. Dass ich so geliebt und behütet war, dass ich an Leib und Seele bewahrt wurde, dass ich meiner Stadt und meiner neuen ländlichen Heimat verbunden bleiben durfte, dass mir aus den Wirrungen des Krieges gesteigerte Kräfte für mein zukünftiges Leben zugewachsen sind, dafür bin ich von ganzem Herzen dankbar.

Letzteres soll jedoch beileibe kein Loblied auf den Krieg sein. Ganz im Gegenteil. Als am 30. April 1945 keine Sirenen mehr heulten und der Laibacher Sender verstummte, als sich beim Zubettgehen ein schier unglaubliches Gefühl in uns einstellte, die beglückende Gewissheit nämlich: »Heute Nacht *kann* kein Fliegeralarm kommen«, da waren wir dankbar für die Segensgabe des Friedens und beseelt von dem Wunsch: Nie wieder Krieg!

Inhalt

Zwei Denkmäler	7
Auffahrten, Rundfahrten und Ausfahrten	10
Erste Einkäufe	14
Rundblicke	16
Reviererweiterungen	22
Im Zeichen des Krieges	28
Untermenzing	37
Unruhige Nächte	41
Auf dem Lande	45
Wieder in München	62
Geräusche	72
Kriegsende	79